LES 100 STARS DES JEUX OLYMPIQUES

Textes : Mathieu le Maux
Ouvrage dirigé par Donovan Villemonteil
Maquette : Camille Decoster, Laetitia Kalafat

34-36, rue La Pérouse - 75116 Paris
www.hugopublishing.fr

ISBN : 9782755674408
Dépôt légal : février 2024
Imprimé en France par PPO Graphic

LES 100 STARS DES JEUX OLYMPIQUES

Mathieu Le Maux

Hugo Sport

SOMMAIRE

1
adidas
FRANCE

JULIEN

ABSALON

L'increvable

Le 28 août 2004, sur les flancs du Mont Parnès jaillissant à 40 km au nord d'Athènes, Julien Absalon, 24 ans, aperçoit enfin la ligne d'arrivée de l'épreuve de VTT cross-country. Après bientôt deux heures et quinze minutes d'effort sur ce circuit technique et poussiéreux de 6,1 km bouclé sept fois, le Vosgien relève la tête de son guidon, saisit un drapeau tricolore, roule sans les mains et profite de ces derniers coups de pédale qui le guident vers l'or. Avec une minute d'avance sur le champion d'Europe espagnol José Antonio Hermida et deux minutes sur le Néerlandais Bart Brentjens, champion olympique en 1996, le double champion de France prend aussi le temps de pointer son doigt gauche vers le ciel en hommage à son père récemment disparu. Un terrible coup dur qui l'a un temps fait songer à abandonner le VTT, avant de se promettre de tout donner pour remporter des courses en mémoire de son supporter n°1. « *Je ne l'avais pas prémédité du tout,* dit-il en descendant du podium. *Il nous avait quittés depuis deux ans et demi et j'ai pensé à lui durant toute la course. Cela m'a aidé et porté. J'en rêve depuis un an, je n'arrive toujours pas à y croire.* » Un destin et une gloire inimaginables pour celui qui découvre le VTT par hasard à 15 ans, lors d'une balade en forêt organisée par un voisin. Et dont l'entraînement ne consiste, dans un premier temps, qu'à avaler les quelques kilomètres le séparant de sa petite amie et future femme Émilie.

Dans la foulée de son triomphe grec, Julien Absalon devient quatre fois champion du monde et est évidemment attendu au tournant aux Jeux Olympiques de Pékin. Dans une chaleur du diable à laquelle il s'est préparé en s'entraînant sous le soleil du Var, le Français prend les commandes de la course dès le deuxième tour, résiste aux crampes et au retour de son compatriote Jean-Christophe Péraud. « *J'ai compris que j'avais gagné dans la dernière descente pour arriver sur le stade parce que même avec une crevaison, j'aurais pu finir à pied.* » Il franchit donc en tête cette ligne d'arrivée – non pas le doigt pointé vers le ciel, mais la main posée au sol – qu'il confie avoir « *passé 10 000 fois dans [s]es rêves, la nuit, ou bien à l'entraînement.* » Julien Absalon signe une première historique en conservant l'or olympique en VTT. Et tout cela est bien réel…

Julien Absalon à l'arrivée de l'épreuve de VTT lors des Jeux Olympiques de Pékin, en 2008

2 médailles d'or (VTT cross-country)

Mohamed Ali, au centre, victorieux à Rome en 1960

MOHAMED ALI

La légende en devenir

Lorsqu'il atterrit en Europe à la fin de l'été 1960 pour prendre part au tournoi olympique de boxe chez les mi-lourds (75kg-81kg), Cassius Clay n'est pas encore Mohamed Ali. Anonyme parmi les stars des Jeux, le gamin de 18 ans, qui compte déjà 100 victoires chez les amateurs, va très rapidement se faire un nom à l'échelle internationale. Dès son premier combat, les observateurs avisés constatent que le prodige n'est pas venu pour acquérir de l'expérience mais bien repartir avec la plus belle distinction. Du haut de son mètre quatre-vingt-onze, le petit-fils d'esclave boxe avec légèreté et souplesse et ne trouve aucun concurrent à sa hauteur pour le contrarier sur sa route vers l'or olympique. Pas même le triple champion d'Europe qu'affronte Clay en finale, le Polonais Zbigniew Pietrzykowski. Au cours des trois rounds du combat, il ne paraît jamais en capacité de faire vaciller un Cassius Clay imperméable à ses coups. Certes méritant, l'Européen est bousculé par la mobilité permanente de son rival. Un travail de sape qui use Pietrzykowski. Dans un dernier round où il jette ses dernières forces en espérant peut-être pouvoir faire pencher la balance, il est dépassé par un jeune homme bien moins empreinté, tout en maitrise, en précision. Épuisé, l'Européen est rappelé à l'ordre à plusieurs reprises par l'arbitre pour lui indiquer de ne pas refuser le combat.

Une victoire logique qui marque la fin d'une époque pour celui qui se fera bientôt appeler Mohamed Ali et deviendra quelques années plus tard une figure planétaire du refus de la guerre du Viêt-Nam. Sportivement, c'est la fin d'une époque d'amateurisme qui lui ouvre les portes d'un monde de la boxe professionnelle qui lui tend les bras. Un choix qui fait que le public ne reverra plus ce phénomène de la boxe sur un ring olympique. Ce n'est qu'en 1996, lors des Jeux d'Atlanta, qu'il ouvre en qualité de dernier porteur de la flamme olympique, que le boxeur renoue avec son glorieux passé olympique. Une édition au cours de laquelle le CIO, au cours d'une émouvante cérémonie, lui remis une copie de sa médaille décrochée en 1960 et qu'il avait jetée dans la rivière Ohio après avoir subi des injures racistes, protestant que si gagner des médailles pour les États-Unis ne changeait pas le sort des noirs, alors tout cela ne servait à rien.

1 médaille d'or (mi-lourds)

MUTAZ BARSHIM ET GIANMARCO TAMBERI

1 médaille d'or ex-aequo (saut en hauteur)

L'or en partage

Dimanche 1er août 2021, stade olympique national de Tokyo. Il est un peu plus de 22h, le concours du saut en hauteur touche à sa fin. Le Qatari Mutaz Essa Barshim, l'Italien Gianmarco Tamberi et le Bélarusse Maksim Nedasekau ont tous les trois franchi la barre des 2,37 m. À la faveur du nombre d'essais et au terme de toutes les tentatives possibles, les deux premiers athlètes sont à égalité parfaite. Un juge s'avance vers eux pour les informer du protocole prévu en pareille (et très rare) circonstance. L'officiel n'a pas le temps de prononcer la loi 26.9 de la page 185 du règlement que Barshim lui demande: «*On peut avoir deux médailles d'or?*» Oui, si tant est que les deux protagonistes soient d'accord et «décident de ne plus sauter». Les deux sauteurs lèvent alors les bras, ils sont tous deux champions olympiques. En athlétisme, le précédent remonte à… 113 ans, lorsque les perchistes américains Edward Cook et Alfred Gilbert ne purent se départager aux Jeux Olympiques de Londres 1908. Déjà double médaillé d'argent (Londres 2012, Rio 2016), le Qatari dévoile plus tard les coulisses de cet incroyable dénouement, en conférence de presse: «*Je l'ai regardé, il m'a regardé, et on a su. On savait que c'était réglé, qu'il n'y avait aucun besoin de continuer. Je me souviens qu'on en avait parlé une fois, il y a des années, et qu'on s'était dit: "Oh, imagine…" Et c'est arrivé. C'est au-delà du sport…*» Rivaux sur les sautoirs mais grands amis dans la vie, leur lien s'est à jamais scellé le 15 juillet 2016, quelques heures après le meeting d'athlétisme de Monaco. Gianmarco Tamberi se blesse gravement à la cheville gauche et doit déclarer forfait pour les Jeux Olympiques de Rio qui débutent trois semaines plus tard. Profondément touché, Barshim se rue dans la chambre d'hôtel de son ami pour le soutenir. «*On a parlé. J'ai pleuré en face de lui. Il m'a apaisé. Il m'a dit ce qu'il fallait dire*», raconte l'Italien. Cinq ans plus tard, les hommes montent sur la plus haute marche du podium et au Panthéon des meilleurs amis pour la vie.

Gianmarco Tamberi (à gauche) et Mutaz Essa Barshim (à droite) après s'être mis d'accord sur le partage de la victoire

1 médaille d'or

BOB BEAMON

Le saut du siècle

Bob Beamon lors de l'épreuve de saut en longueur aux Jeux Olympiques de Mexico, en 1968

Stade olympique de Mexico, le 18 octobre 1968, 15h45. Sous une météo orageuse, les 80 000 spectateurs vont voir passer un éclair: Bob Beamon, 22 ans, dossard 254. Qualifié in extremis et au lendemain d'une nuit passée à boire de la téquila – il vient d'apprendre que sa bourse d'étude à El Paso lui est retirée pour avoir participé au boycott d'une rencontre universitaire face à une école mormone qui pratiquait la discrimination raciale –, l'Américain n'est a priori pas totalement dans son assiette. Premier des dix-sept finalistes du concours de saut en longueur à s'élancer sur le sautoir, l'Araignée de l'espace réalise une course d'élan ultra rapide et une planche parfaite. Puis le détenteur du record du monde en salle (8,33m) atterrit… au-delà de la zone mesurée habituellement, obligeant les juges à utiliser un mètre à bande métallique pour recenser l'exploit: 8,90m! Soit cinquante-cinq centimètres de plus que le précédent record du monde co-détenu par Ralph Boston et Igor Ter-Ovanessian; quarante de plus que les meilleures prédictions annoncées - divers experts et scientifiques affirmaient alors que la piste en synthétique (une première aux Jeux), l'altitude et la teneur en oxygène seraient propice à ce type de performance. Mais tout de même pas à ce point-là… Le vent est mesuré favorablement à deux mètres par seconde, limite maximale autorisée. Le saut peut enfin être validé. La compétition, elle, vient de s'achever, en tout cas pour le titre: Klaus Beer, l'étonnant dauphin de Bob Beamon, ne fera pas mieux que 8,19m. Tout le monde réalise très vite la portée de ce qui sera bientôt nommé « le saut du XXe siècle » sauf… Bob Beamon lui-même, qui ne connaît pas le système métrique et doit attendre qu'un coéquipier lui fasse la conversion en pouce et en pied pour comprendre. Lui qui fut exclu des compétitions universitaires américaines pour avoir refusé de courir avec des athlètes blancs qu'il jugeait irrespectueux s'écroule sur la piste, ému aux larmes, tenant là la plus belle des revanches. Le record du monde de Bob Beamon tiendra pendant vingt-deux ans et dix mois, battu aux mondiaux d'athlétisme de Tokyo 1991 par Mike Powell (8,95m).

Alain Bernard après sa victoire dans le 100m nage libre aux Jeux Olympiques de Pékin en 2008, devant son rival Eamon Sullivan

ALAIN BERNARD

Premier de la classe

Le 11 août 2008, à Pékin, le relais français du 4 x 100m nage libre décroche une médaille d'argent qui laisse un goût amer à son leader Alain Bernard: «*C'est chiant. On aurait pu faire mieux. On aurait pu gagner. Mais avec des "on aurait pu"... En individuel, ce sera une autre histoire.*» Révélation de la natation mondiale depuis un peu plus d'un an et auteur cinq mois plus tôt de deux records du monde sur 50 m (21"50) et sur 100 m (47"50) très vite battus par son grand rival Eamon Sullivan, le nageur d'Aubagne reste «l'homme à battre» de ces Jeux. Vertement critiqué par certains adversaires exprimant leurs doutes sur ses si soudaines performances et mettant ces records sur le compte de l'utilisation de ces combinaisons qui font débat – «*Même en pyjama, j'aurais gagné*», répond le Français –, Alain Bernard arrive le mors aux dents dans le Cube d'eau, deux jours plus tard. Lors de la première demi-finale du 100m, ce gros bosseur né le jour de la fête du Travail nage en 47"20. Record du monde! Qui tient... trois minutes! Dans l'autre demie, Eamon Sullivan signe un 47"05 qui présage d'une formidable bagarre en finale, le lendemain. Le duel homérique a bien lieu. Sur le plot, Alain Bernard est rattrapé par l'enjeu. «*Quand le starter a dit "À vos marques", j'ai vu ma jambe gauche qui s'est mise à trembler. Je me suis dit: "Put... c'est mal barré." C'était la première fois que je ressentais un stress aussi fort*». À mi-course, l'Américain devance le Français de cinq centièmes. Puis celui-ci s'enflamme, revient à hauteur et touche en premier, laissant Sullivan à onze centièmes. Alain Bernard devient le premier champion olympique français du 100m, et le premier tricolore en or chez les hommes depuis Jean Boiteux, champion olympique de 400m nage libre en 1952. Le surlendemain, il complète sa collection de médailles en prenant la troisième place du 50m derrière le Brésilien César Cielo et son compatriote Amaury Leveaux à l'issue d'une finale de dingue - les trois nageurs sont sous les 22", du jamais vu.

Il ne défend pas ses titres à Londres, en 2012, mais obtiendra l'or dans le relais 4 x 100m nage libre, en n'ayant nagé qu'en série. Avec 4 médailles, Alain Bernard devient alors le nageur français le plus médaillé aux Jeux Olympiques – il sera rejoint par Amaury Leveaux en 2012 et Florent Manaudou en 2020.

2 médailles d'or (100m nage libre et 4 x 100m nage libre)

1 médaille d'argent (4 x 100m nage libre)

1 médaille de bronze (50m nage libre)

102
5
117
69

COLETTE

BESSON

« La petite fiancée de la France »

Mai 1968. Pendant que la France étudiante et ouvrière manifeste pour changer le monde, Colette Besson, 22 ans, s'en retire. Et prend de l'altitude, à Font-Romeu (1 800m), dans les Pyrénées, ville choisie un an plus tôt par le général de Gaulle pour devenir la cité pré-olympique où des générations d'athlètes profiteront des infrastructures pour parfaire leur condition physique. La spécialiste du 400m essuie les plâtres – elle plante sa tente au camping municipal – et s'astreint à une vie d'ascète en vue des JO. «*Ce n'étaient pas des Jeux ordinaires,* expliquera la championne de France. *Mexico est à 2 200m d'altitude. Il faut savoir s'y adapter. J'ai eu une chance extraordinaire car étant enseignante, j'ai profité des événements de mai 1968 en France: tous les établissements scolaires avaient fermé, et j'ai pu partir très tôt m'entraîner.*» Quatre mois pour un exploit retentissant et totalement inattendu. Le 16 octobre, à 17h30, Colette Besson s'élance du couloir 5 en finale olympique du tour d'anneau. La favorite britannique Lillian Board, au couloir 1, attaque la dernière ligne droite largement en tête. La Française, en 5e position, met les bouchées doubles, remonte une à une ses adversaires et au bout de ces 100 derniers mètres de légende, finit par coiffer Board sur le fil, à 1/10e de seconde, pour l'emporter en 52" tout rond, nouveau record olympique à la clé. «*En finale, je me sentais tellement bien! En sortant du virage, je voyais toutes mes adversaires qui souffraient, grimaçaient, tandis que j'avais des ailes. Je me demandais ce qui m'arrivait! J'étais aussi portée par les 80 000 spectateurs qui criaient en s'interrogeant: qui pouvait bien être cette jeune athlète qui dépassait tout le monde?*», témoignera celle qui devient alors dans les médias et dans les cœurs «la petite fiancée de la France». Seule championne olympique de la délégation française en athlétisme lors de ces olympiades, Colette Besson devra attendre vingt-quatre ans pour voir une compatriote lui succéder. Une certaine Marie-José Pérec…

Colette Besson à l'arrivée du 400m aux Jeux Olympiques de Mexico, en 1968

1 médaille d'or (400m)

ABEBE BIKILA

La victoire au bout de l'effort

Le 7 août 1932 est une date importante dans l'histoire de l'athlétisme et nous offre un clin d'œil du destin comme le sport sait en offrir : tandis que se dispute ce jour-là le marathon olympique des Jeux de Los Angeles, remporté par l'Argentin Juan Carlos Zabala, dans un village éthiopien, vient au monde le petit Abebe Bikila, futur formidable marathonien, qui deviendra champion olympique de la discipline 28 ans plus tard, à Rome.
Pour ses premiers Jeux, le coureur d'Afrique de l'Est fait sensation tout au long du parcours en disputant l'épreuve dépourvu de chaussures. Au grand étonnement des spectateurs, c'est donc pieds nus qu'il va avaler les 42kms195 du bitume romain, en 2h15m16s, s'adjugeant au passage le record du monde de la distance. Taquin, Bikila, membre de la Garde impérial d'Hailé Sélassié Ier, profite de son passage dans la capitale italienne pour adresser un petit message politique aux hôtes des Jeux en plaçant symboliquement son estocade finale devant l'obélisque d'Axoum, un monument pillé à l'Éthiopie par les troupes de Mussolini durant la Seconde Guerre mondiale. Alors, à 1km de l'arrivée, quand il se présente devant le fameux monument au coude à coude avec le Marocain Rhadi Ben Abdesselem, il lance l'attaque planifiée avec son entraineur Oni Niskanen et file vers la victoire pour terminer trente secondes devant son dauphin. Un coup parfait qui lui permet de devenir le premier athlète éthiopien à remporter l'or olympique.
Quatre ans plus tard à Tokyo, il tente une première jusqu'à son époque encore jamais réussie : conserver son titre olympique sur marathon. Dépassant d'aussi illustres ainés qu'Emil Zatopek ou Alain Mimoun, il entre dans la légende du marathon sans trembler en remportant l'épreuve à Tokyo, cette fois chaussures aux pieds, avec plus de 4 minutes d'avance, abaissant le record du monde à 2h12. Un palmarès que l'IAAF a honoré en 2012 en intégrant Bikila à son Hall of Fame.

2 médailles d'or (marathon)

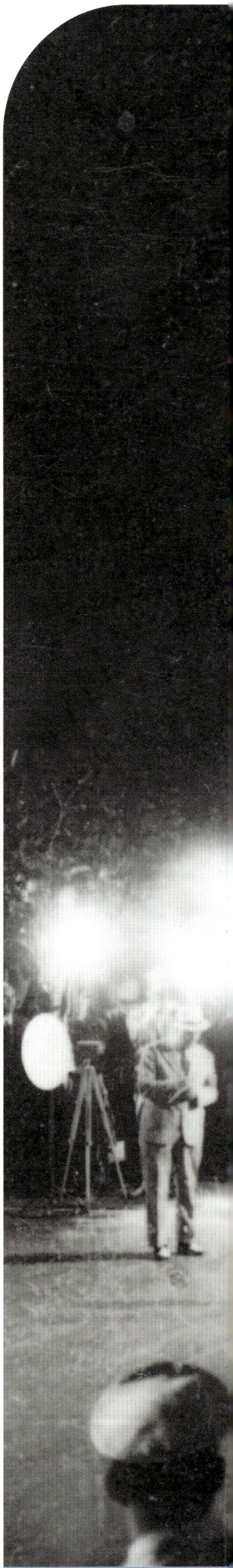

Abebe Bikila devant l'arc de Constantin, à Rome, en 1960

USA

SIMONE BILES

L'incroyable précocité

D'après les spécialistes de la discipline, commencer la gymnastique à 6 ans pour espérer devenir championne olympique, c'est relativement tardif! Pourtant, on est en droit de remettre cette assertion en doute lorsque l'on sait que la plus grande gymnaste de tous les temps a commencé à sérieusement s'entrainer à l'âge déjà bien avancé… de huit ans. Car c'est bien l'âge auquel a commencé la gymnaste, mettant à mal les certitudes de certains « experts » de la discipline sur l'âge idoine pour démarrer pareil sport. Mais à les croire donc, il s'agit pour la jeune Américaine d'un départ tardif dans un sport exigeant et qui est réputé pour propulser sans hésiter des adolescents au rang d'athlètes de haut niveau. Et après une progression fulgurante, elle franchit les niveaux techniques à une vitesse incroyable. Pour se donner toutes les chances de gravir la marche la conduisant vers le très haut niveau, les honneurs et les consécrations, en 2012, alors âgée de seulement 15 ans, elle décide de se consacrer pleinement au sport et quitte l'école pour faire cours à la maison. Ce qui lui permet de passer de 20 heures d'entrainement hebdomadaire à 32h… Un travail de forcené qui va la conduire à disputer ses premières compétitions seniors un an plus tard: la gamine n'a que 16 ans et pourtant, on sent poindre chez elle toute la maîtrise qui sera la sienne ensuite et qu'elle va faire parler à la face du monde à Rio en 2016. Remportant le concours général par équipe et en individuel, elle s'offre également l'or au saut de cheval, au sol, ainsi qu'une médaille de bronze à la poutre, repartant du Brésil avec cinq médailles. Un triomphe qui lui vaut d'être sacrée « Sportive de l'année » par Associated Press. Attendue comme l'une des grandes stars des Jeux Olympiques de Tokyo cinq ans plus tard, rien ne se passe finalement comme prévu pour la jeune femme, qui ne peut faire mieux qu'une médaille d'argent au concours général par équipes et une troisième place à la poutre. En perte de repère et désorientée sur les agrés, elle fait finalement l'impasse sur une partie des Jeux pour préserver sa santé mentale.

4 médailles d'or

(concours général par équipe et individuel, saut à cheval, sol)

1 médaille d'argent

(concours général par équipe)

2 médailles de bronze

(poutre)

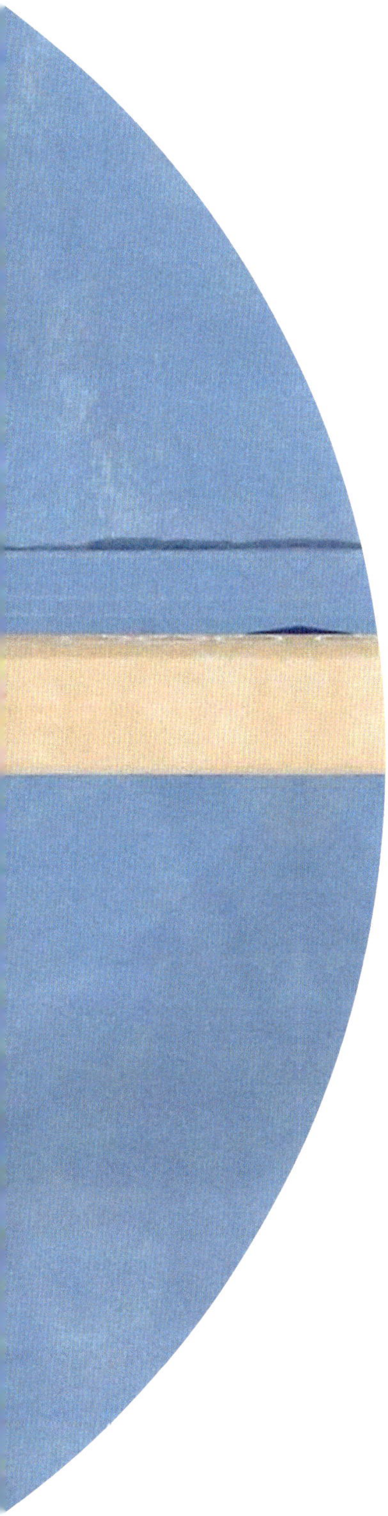

Simone Biles sur la poutre lors des Jeux Olympiques de Tokyo, en 2021

Fanny Blankers-Koen lors du 80m haies, à Londres, en 1948

FANNY BLANKERS-KOEN

Le destin contrarié de la « Ménagère volante »

Après douze ans de parenthèse en raison de la Seconde Guerre mondiale, les Jeux Olympiques font leur retour dans l'agenda populaire à l'été 1948. Une délivrance pour toute une génération d'athlètes privés des JO depuis 1936. Plus d'une décennie qui a laissé vierge le palmarès olympique de nombreux champions, pour qui l'histoire des Hommes aura balayé le destin personnel et empêché la consécration olympique.

La Néerlandaise Fanny Blankers-Koen aurait pu faire partie de ces sportifs restés dans l'oubli, elle qui n'avait que 18 ans en 1936 lorsqu'elle prit part aux Jeux de Berlin. Une première décevante, la jeune femme passe à côté de l'événement. Rater des Jeux à 18 ans n'est pas si grave, on a le temps de se rattraper. Ainsi va la vie d'un sportif de haut niveau dans un monde en paix. Mais Fanny Blankers-Koen a vécu en des temps tumultueux. Pas de seconde chance pour elle en 1940. Ni en 1944. Elle doit donc attendre 1948 pour effacer l'échec de 1936.

Et à Londres, cet été-là, c'est une toute autre femme qui se présente sur la piste du Stade olympique de Wembley: sa trentaine, ses deux enfants et la guerre n'ont pas eu raison de sa carrière sportive et la mère de famille est bien décidée à démontrer que la maternité ne doit pas condamner les femmes à la retraite sportive – ce qui est généralement le cas dans une époque qui surnomme Blankers-Koen «La Ménagère volante» et goûte assez peu qu'une mère délaisse le foyer familial pour faire du sport.

Mais surtout, malgré un manque d'expérience qu'elle partage avec la quasi-totalité des 4 104 athlètes présents, elle arrive au Royaume-Uni avec quelques certitudes… qu'elle va confirmer avec éclat! Remportant quatre médailles d'or (100m, 200m, 80m haies, 4x100m), elle fait taire les médisants et devient la première femme à réaliser un tel exploit. Une olympiade d'exception qui lui vaudra en 1999 d'être sacrée par l'IAAF «Meilleure athlète du XXe siècle» à l'occasion d'une cérémonie dont elle partage le haut de l'affiche aux côtés de son homologue masculin, un certain Carl Lewis, détenteur de neuf médailles d'or décrochées sur quatre olympiades…

4 médailles d'or

(100m, 200m, 80m haies, 4x100m)

JEAN BOITEUX

Seul nageur français en or au XXe siècle

1 médaille d'or (400m nage libre)

1 médaille de bronze (relais 4 x 200 m)

Avec l'escrimeur Christian d'Oriola, le nageur Jean Boiteux est l'autre sportif français qui marque les Jeux Olympiques d'Helsinki, à l'été 1952. Homme à battre avant les Jeux, le jeune Jean Boiteux, 19 ans, biberonné à la natation par des parents eux-mêmes champions des bassins, arrive en Finlande avec le poids d'un demi-siècle de disette, porteur des espoirs d'une natation française sevrée de titre olympique depuis Charles Devendeville, en 1900, vainqueur dans une discipline, la nage sous l'eau, disparue à Saint-Louis dès 1904. Aligné sur le relais 4 x 200m nage libre pour ouvrir sa campagne olympique, Boiteux a fait forte impression pour ramener le bronze à la France.

Malgré l'attente populaire et son inexpérience, Boiteux ne tremble pas. Devant les 12 000 spectateurs du Stade nautique de Töölo, il va chercher la médaille d'or au cours d'une compétition parfaite: en demi-finale, sur l'avis de son entraineur, il cherche à s'imposer avec la manière afin de déstabiliser ses adversaires en vue de la finale; en prenant notamment un ascendant psychologique sur le nageur suédois Per-Olof Ostrand, qui a réalisé le meilleur temps des séries. Une tactique qu'il va exécuter à merveille en battant son rival. En finale, le Marseillais construit son succès avec maitrise et sang-froid. Premier des demies, il part à la ligne d'eau N°4, avec à sa gauche le suédois Ostrand et à sa droite l'Américain Ford Konno.

Contrôlant la course de bout en bout, il s'adapte à la situation et déroge un peu au plan de course établi par son entraîneur. Pulvérisant le record olympique de quatre secondes, il laisse derrière lui Konno et Ostrand, qui doit se contenter du bronze et termine à plus de cinq secondes du français. Une performance qui ne suffira pas à contenter totalement l'ambition du nageur, également engagé sur le 1 500m nage libre. Une épreuve que le champion avait préparée plus spécifiquement que les autres et pour laquelle il fondait de grands espoirs. Une quête qui prend fin prématurément en demi-finale.

Malgré un palmarès qu'il aurait souhaité plus garni, Jean Boiteux reste le seul champion olympique de la natation française au XXe siècle. Ce n'est qu'en 2004 à Athènes qu'une gamine de 17 ans viendra succéder à Jean Boiteux sur la distance qui l'avait consacré 52 ans plus tôt… Une certaine Laure Manaudou.

Jean enlassant son père, Gaston Boiteux, lors de la finale du 400m nage libre, à Helskini en 1952

USAIN

BOLT

Et « la Foudre » a encore frappé...

Fils d'épiciers de la paroisse de Trelawny, en Jamaïque, le jeune Usain Bolt, 12 ans, dévoile ses talents de sprinter lors d'une rencontre scolaire de cricket, sa véritable passion avec le football. Son entraîneur le convainc de se mettre à l'athlétisme – le monde du sport peut dire un grand merci à cet homme-là. Spécialiste du 200m (vice-champion du monde en 2007), Usain Bolt est certain de pouvoir briller sur 100m. Ce qu'il prouve à son coach réticent en battant le record du monde (9"72) le 31 mai 2008, à l'issue de sa quatrième course disputée sur la distance reine. C'est donc presque sans surprise qu'il décroche l'or sur 100m aux JO de Pékin, le 16 août. Une première que le Jamaïcain ponctue d'un record du monde (9"69) après avoir coupé son effort vingt mètres avant la ligne pour célébrer sa victoire en se frappant la poitrine du poing. C'est tout bonnement hallucinant. Tout le monde sait déjà que « la Foudre » frappera encore de très nombreuses fois... Quatre jours plus tard, ce formidable athlète (1,94 m, 95 kg) déploie sa foulée élastique et puissante sur 200m. Deuxième médaille d'or et record du monde vieux de douze ans, chipé à l'Américain Michael Johnson. Avec sa génération dorée, la Jamaïque remporte pour la première le 4 x 100m, un titre qui lui sera retiré neuf ans plus tard (le relayeur Nesta Carter s'était dopé).

Le règne sans partage d'Usain Bolt se prolonge à Londres. Premier athlète à conserver le doublé 100m – 200m, « l'Éclair » fanfaronne en conférence de presse, deux jours avant son triplé londonien et la victoire sur 4 x 100m : « *Je suis une légende vivante. Faites ma gloire. Je ne veux voir que ça dans les journaux et à la télévision demain. Sinon, plus d'interviews !* »

À Rio, en 2016, Usain Bolt court (un peu) moins vite mais applique le même tarif à ses adversaires qui se contentent des miettes. Tandis que la rumeur fantasme sur ses envies de quadruplé aux prochains Jeux (100m, 200m, relais et... 400m) dont beaucoup de spécialistes le croient capable, Usain Bolt annonce que cette olympiade brésilienne sera la dernière. « *Allez, c'est bon, je suis le plus grand.* »

8 médailles d'or

(100 m, 200 m, 4 x 100 m)

Usain Bolt célébrant en avance sa victoire lors du 100m des Jeux Olympiques de Pékin, en 2008

Jamaica
2163
4

JEAN BOUIN

Tombé pour la France

1 médaille d'argent (5 000m)

1 médaille de bronze (3 miles par équipe)

Grande vedette du sport français d'avant la Première Guerre mondiale, le Marseillais Jean Bouin décroche une médaille d'argent sur 5 000 mètres aux Jeux Olympiques de 1912, à Stockholm, où il bat le record de l'heure un an plus tard (19 021 mètres). Vainqueur à trois reprises, entre 1911 et 1913, du Cross des nations alors considéré comme le championnat du monde de la discipline, le précurseur français du fartlek, cette méthode d'entraînement suédoise consistant à «jouer à courir» sur des terrains variés, notamment en forêt, revient alors de (très) loin…

Membre de l'équipe de France du 3 miles par équipe aux Jeux de Londres de 1908, Jean Bouin participe aux séries avant d'être écarté par ses dirigeants pour avoir fait le mur avant la finale et fini au poste de police après une bagarre dans un bar de Soho. La France décroche le bronze, sans lui, qui se voit malgré tout attribuer une breloque au goût d'inachevé. Ce bon vivant décide alors de prendre enfin la course à pied au sérieux: il arrête de fumer, s'entraîne d'arrache-pied et publie même, en 1912, un livre détaillant sa saine routine de champion. Employé par la Société générale, le double médaillé olympique monte à Paris en 1913. Il y rencontre un boulanger marseillais reconverti masseur et fréquente par son intermédiaire les vedettes du sport de l'époque (l'aviateur Roland Garros, le boxeur George Carpentier). Il s'improvise reporter, et même acteur, avant que la guerre ne mette fin à ses rêves de gloire future. Envoyé au front, le 2° classe du 163° régiment d'infanterie meurt le 24 septembre 1914, à Xivray, dans la Meuse. «*Jean Bouin battit le record de l'heure, puis, quelques années plus après, mourut devant l'ennemi*», écrira Jean Giraudoux dans *Le Sport*, en 1928. «*Cet exploit et cette mort se touchent maintenant d'aussi près que l'arrivée et la mort du soldat de Marathon.*» Son nom est aujourd'hui celui de nombreuses infrastructures sportives comme le stade de rugby accolé au Parc des Princes, à Paris, et celui d'une tribune du stade Vélodrome, à Marseille.

Jean Bouin franchissant la ligne à la 2e place, derrière Hannes Kolehmainen, à Londres en 1912

Valeriy Brumel franchissant la barre avec un saut ventral

Valeriy
BRUMEL

2,16m d'éternité

Deuxième du concours aux Jeux Olympiques de Rome en ayant sauté aussi haut que le premier (2,16m), son compatriote Robert Shavlakadze, Valeriy Brumel voit la victoire lui échapper au nombre de sauts. Les deux hommes ayant échoué à leurs trois essais à 2,18m, le règlement est clair : est déclaré vainqueur le sauteur qui a fait le moins de tentatives à la dernière barre franchi. Et en l'occurence, Brumel s'y est pris à deux reprises pour passer 2,16m, tandis que son adversaire n'a eu besoin que d'une chance pour le faire. Bien qu'il batte le record olympique lui aussi ce jour-là et en est co-détenteur, la natif de Sibérie ne monte pas sur la plus haute marche du podium à son plus grand regret. Médaillé d'argent pour ses premiers Jeux, Valeriy Brumel tente à nouveau sa chance dans sa quête de gloire olympique.

S'il n'était encore qu'un novice à Rome, à Tokyo en 1964, pour la XVIIIe olympiade de l'ère moderne, l'athlète de 22 ans est désormais un sauteur craint de ses adversaires, unique détenteur du record du monde, avec un saut à 2,28m réalisé en juillet 1963. Gêné par une douleur chronique à un genou, qui lui a valu plusieurs mois de repos avant les Jeux, Brumel, malgré son statut, peine à se qualifier pour la finale du concours olympique 1964, passant tout près de l'élimination à 2,03m, qu'il ne franchit qu'au troisième essai. Pas au mieux de sa forme lors des qualifications, le Soviétique va pourtant réaliser une finale presque parfaite : il franchit les cinq premières barres (de 2m à 2,12m) au premier saut ; à 2,14m, l'Américain John Thomas et lui utilisent leur trois tentatives pour rejoindre l'autre Américain John Rambo à 2,16m… la marque à laquelle Brumel s'était arrêté à Rome. Mais cette fois, l'histoire ne se répète pas et Brumel passe à sa première tentative. Mais les Américains s'accrochent et y parviennent eux-aussi. Il faudra sauter plus haut pour décrocher l'or. À 2,18m, Rambo craque et sort du concours. Ils ne sont désormais plus que deux en lice pour l'or, qui se jouera à 2,20m. Une hauteur qui restera infranchie. Alors, pour départager les deux hommes, c'est vers la table de marques qu'il faut se tourner : et le verdict de celle-ci est implacable. Pour avoir franchi 2,16m en un essai contre trois pour John Thomas, Valeriy Brumel est sacré champion olympique.

1 médaille d'or

1 médaille d'argent

SERGUEÏ

BUBKA

Les cimes olympiques

Pour leurs derniers Jeux sous les couleurs soviétiques, les perchistes de ce que l'on appellera bientôt l'ex-URSS frappent un grand coup aux Jeux Olympiques de Séoul à l'été 1988 en s'adjugeant les trois premières places du concours de saut à la perche. Une discipline dans laquelle leurs prédécesseurs n'ont pourtant jusque-là remporté qu'une modeste médaille d'argent, obtenue par Konstantin Volkov en 1980 à Moscou. Après des Jeux de Los Angeles qu'ils ont boycottés, les Soviétiques arrivent en Corée du Sud avec l'envie de briller. Et les perchistes ne vont pas décevoir…

À la tête de ce trio magique, un jeune homme de 25 ans originaire de Louhansk, en Ukraine, qui ne s'est mis à l'athlétisme qu'à 12 ans, après s'être essayé au foot et à la gym, et dont le père militaire et la mère assistante médicale ne peuvent que constater qu'il marche dans les traces de son frère aîné, Vassily, déjà membre de l'académie sportive de Donetsk. Une institution que le jeune Sergueï va intégrer en 1978, à l'âge 15 ans, et où sa progression sous les ordres de Vitaly Petrov, qui l'a repéré et sera son entraîneur toute sa carrière, va être fulgurante : après des débuts prometteurs et quelques places d'honneur, il remporte ses premiers championnats du monde en 1983 à Helsinki. Deux ans plus tard, à Jean-Bouin, le 13 juillet 1985, il est le premier homme à franchir la barre des 6m. Il la franchira par la suite à plus de quarante reprises, allant jusqu'à sauter 6,15m. C'était le 21 février 1995 à Donetsk, là où il a appris à sauter pour devenir un champion un peu moins de 20 ans plus tôt. Mais pour devenir champion olympique à Séoul, un saut à 5,90m aura suffi. Privé de Jeux à Los Angeles, Bubka étend ainsi son règne sur la perche mondiale aux cimes olympiques et établit au passage un nouveau record.

Pour celui qui fut longtemps considéré comme le plus grand perchiste de tous les temps, le bilan olympique est maigre comparé à certains. Mais les légendes ne se mesurent pas au nombre de lignes que recensent les almanachs. Bubka fait partie de ces sportifs qui laissent un souvenir marquant, au premier rang desquels la vitesse incroyable à laquelle il attaquait le sautoir et la vélocité qu'il dégageait. En atteste son temps de référence sur 100m, chronométré à 10"3…

Sergueï Bubka concentré avant d'entamer son élan lors des Jeux Olympiques de Séoul, en 1988

1

médaille d'or

(saut à la perche)

JOHN CARLOS ET TOMMIE SMITH

Les rebelles

Le matin du 16 octobre 1968, le sprinteur américain Tommie Smith remporte le 200m des Jeux Olympiques de Mexico, record du monde à la clé, devant l'Australien Peter Norman et son compatriote John Carlos. Une performance qui va très vite laisser place au plus célèbre épisode géopolitique de l'Histoire des Jeux Olympiques, le lendemain, lors de la cérémonie de remise des médailles.

À leur entrée dans le stade, l'accoutrement et l'attitude de Tommie Smith et de John Carlos intriguent. Les deux Américains marchent vers le podium en… chaussettes noires, les bras croisés dans le dos, comme pour cacher la paire de chaussures qu'ils tiennent à la main et le gant de cuir noir que chacun porte. En montant sur le podium, ils y déposent d'abord leurs baskets, et une fois leur médaille autour du cou, tendent ce bras ponctué du poing ganté vers le ciel au moment où retentit l'hymne américain. Ils restent ainsi immobiles, tête baissée, jusqu'à la dernière note de « The Star-Spangled Banner ».

L'image fait très vite le tour du monde et immédiatement scandale, toute manifestation d'une opinion politique étant proscrite par le règlement olympique. D'autant plus si elle fait référence (le poing ganté) à un courant militant radical, en l'occurrence celles des Black Panthers, un mouvement « black power » né deux ans plus tôt dont les méthodes agressives et parfois violentes divisent au sein même de la communauté noire américaine. Tommie Smith et John Carlos sont aussitôt bannis des Jeux et plus tard interdits à vie de toute compétition internationale. S'ils assument leur geste, les deux sprinteurs nient toutefois toute accointance avec les Blacks Panthers (qui, eux, « récupèrent » le symbole à leur compte), expliquant défendre une autre cause anti-raciste, celle du Projet olympique pour les droits de l'Homme initiée par le sociologue Harry Edwards, qui invitait les athlètes noirs à boycotter les JO de Mexico pour protester contre les ségrégations raciales dans le monde. Un message que Tommie Smith martèle depuis plus d'un demi-siècle, regrettant à chaque fois que l'Histoire ne se souvienne que de ce poing brandi et beaucoup moins de cette basket posée à ses pieds, un geste « *qui visait à souligner que les Noirs étaient si pauvres que beaucoup n'avaient même pas de quoi se payer une paire de chaussures* ». Les deux athlètes ne courront plus jamais après 1968. Ils se remettront difficilement de ce gigantesque imbroglio, quand bien même les institutions politiques (Barack Obama en 2016) et sportives (ils entrent au Hall of fame du Comité olympique américain en 2019) les « réhabiliteront » des décennies plus tard.

1 médaille d'or

1 médaille de bronze

Tommie Smith et John Carlos, poing levé, sur le podium olympique. L'Australien Peter Norman les accompagne

USA
USA

Robert Charpentier, congratulé par August Goedrich, médaillé d'argent aux Jeux Olympiques d'Athènes en 1896, après sa victoire lors de la course en ligne aux Jeux Olympiques de Berlin en 1936

ROBERT

CHARPENTIER

Une étoile filante

3 médailles d'or (individuel et par équipes sur route, poursuite par équipes sur piste)

Les Jeux Olympiques sont une source quasi inépuisable d'histoires révélant des personnalités et des destins hors-du-commun. L'histoire de Robert Charpentier est peut-être encore un cran au-dessus… Elle démarre tragiquement pour le petit Robert. Orphelin dès son plus jeune âge, il est élevé par un parent et commence à travailler dès 12 ans comme commis de boucher. Dans la boucherie de son village natal de Maule, le gamin est notamment chargé d'assurer des livraisons qu'il effectue à bicyclette.

Monté à Paris pour gagner sa vie après ses années d'apprentissage, Robert Charpentier y est d'abord recueilli par un marchand de vélo de la rue Lecourbe qui l'héberge quelques temps dans son magasin. En 1933, il dispute ses premières courses seniors. Très vite, ce fonceur inépuisable, diamant brut pédalant au talent – il déteste l'entraînement – se fait un nom sur le circuit. Et ne manque pas de se faire remarquer: approché par l'emblématique Vélo Club Levallois, il y signe dès 1934. Une saison conclue par 5 victoires et à l'issue de laquelle on lui propose de passer professionnel. Ce qu'il refuse, préférant rester amateur en vue de participer aux Jeux Olympiques de 1936. Un choix qui suscite des espoirs dans la presse de l'époque, en témoignent les mots élogieux de l'hebdomadaire sportif *Le Miroir des Sports*, qui, dans son édition du 05 mars 1935, consacre une pleine page au néophyte Charpentier: « […] *Combien de fois n'avons-nous pas vu de ces "espoirs" si magnifiques en apparence et sur lesquels chacun s'était enflammé avec allégresse, sombrer très tôt dans la plus décevante des médiocrités ! Cette politique de prudence, que nous nous sommes si souvent félicités d'avoir observée, nous n'allons pourtant pas la suivre aujourd'hui, tellement le "sujet" dont nous avons à nous occuper ici nous parait riche de promesses et de garanties !* » Un parti-pris éditorial audacieux auquel le coureur donnera raison quelques mois plus tard à Berlin en devenant triple champion olympique (sur route en individuel et par équipes – sur piste, à la poursuite par équipes). Le fantasque coureur signe en pro l'automne suivant les Jeux. Mais ne parviendra jamais à raviver la même flamme, ne goûtant notamment que peu les exigences du professionnalisme.

VIKTOR CHUKARIN

Rescapé de guerre

Viktor Chukarin serrant la main de Josef Stalder aux Jeux Olympiques d'Helsinki, en 1952

Quelque peu éclipsée par les retentissants exploits du coureur Emil Zatopek en athlétisme, la performance du gymnaste soviétique Viktor Chukarin aux Jeux d'Helsinki de 1952 est pourtant digne des plus grands athlètes olympiques. Pour sa première participation aux Jeux, à 31 ans, il décroche cette année-là quatre médailles d'or (concours général individuel, cheval d'arçons, saut de cheval, concours par équipe) et deux d'argent (anneaux et barres parallèles). C'est au Messuhalli, voisin du Stade olympique, que le gymnaste d'origine ukrainienne va se mesurer à ses adversaires, notamment celui que tant redoutent, le Suisse Josef Stalder. À l'issue de la première journée de compétition et des exercices imposés, Chukarin est troisième au concours général individuel, dominé par Stalder et suivi par Chagninian, un autre Soviétique, qui a battu Chukarin aux championnats d'URSS quelques mois plus tôt, à la surprise générale. Autant dire que pour Chukarin, les choses paraissent mal embarquées. Mais, sûr de sa force, il attend son heure. Du côté du classement par équipes, l'URSS vire en tête, talonnée par la Suisse.

Au deuxième jour du concours, Stalder s'écroule finalement et voit Chukarin lui voler la vedette devant 5 000 spectateurs ne pouvant que constater la supériorité des gymnastes soviétiques. Faisant parler sa classe et sa virtuosité extraordinaire de meilleur et plus complet gymnaste du monde, Chukarin prend la tête du classement au bénéfice des exercices libres, récoltant des places d'honneur sur des agrès aussi opposés que les anneaux et les barres parallèles. Une revanche sur un destin qui ne l'a pas épargné. Engagé comme volontaire dans l'Armée Rouge en 1941 pour lutter contre l'invasion nazie, il est fait prisonnier de guerre la même année et envoyé en camp. Quand il est libéré en 1945, il ne pèse plus que 40 kg. Une décennie plus tard, il sera l'homme le plus titré des Jeux Olympiques. Car en 1956 à Melbourne, Chukarin récidivera en rapportant d'Océanie cinq nouvelles médailles (trois en or, une en argent et une en bronze), portant son total personnel à onze. Une première inédite à l'époque.

7 médailles d'or (concours général individuel, cheval d'arçons, saut de cheval, concours par équipe, barres parallèles)

3 médailles d'argent (anneaux, barres parallèles, au sol)

1 médaille de bronze (cheval d'arçons)

SEBASTIAN COE

L'inégalé

S'il n'a pas participé aux Jeux Olympiques de 1976 à Montréal - il n'avait pas 20 ans encore - l'athlète britannique Sebastian Coe débarque à Moscou en 1980 dans la peau d'un prétendant sérieux à la médaille d'or. Un statut qui lui revient en raison des performances qu'il a signées l'année précédente, devenant détenteur des records du monde du 800m, du mile et du 1 500m en l'espace de seulement 41 jours ! Avec de pareilles références, il est donc normal que la présence de Coe aux Jeux de Moscou suscite l'espoir pour la Grande-Bretagne, elle dont le dernier titre sur la distance remonte aux Jeux d'Anvers, en 1920. Soixante années au cours desquelles le demi-fond britannique s'est peu à peu éteint pour finalement disparaître des palmarès. Mais en cette fin juillet 1980, la Grande-Bretagne peut sourire, car ce n'est pas un, mais deux représentants de la Couronne qui disposent de solides arguments pour ramener l'or à Londres. Coe est en effet accompagné de son grand rival, d'un an son aîné, Steve Ovett, un compatriote avec qui il va se livrer un duel attendu pour la plus haute distinction sportive sur 800m et 1 500m. Et le premier acte de cet affrontement se tient au Stade olympique de Moscou le 1er août 1980 avec la finale du 1 500m. Une course où chacun s'observe et ne souhaite pas prendre la tête, espérant garder ses forces pour le finish. Distancé à l'approche du dernier tour par le coureur est-allemand Straub, Coe, marqué par un Steve Ovett qui n'a pas lâché sa foulée de toute la course, refait son retard dans le dernier virage pour aborder les 80 derniers mètres en tête et franchir la ligne en vainqueur. Deux jours plus tard, sur 800m, Coe doit concéder la victoire à un Steve Ovett qui s'adjuge le titre à l'expérience.

Si certains pouvaient penser que le titre de Sebastian Coe à Moscou était quelque peu galvaudé en raison du boycott des épreuves par les USA et une soixantaine d'autres nations, faisant de ce titre un exploit au rabais, ils vont être au regret de voir Coe récidiver quatre ans plus tard lors des Jeux de Los Angeles. Un doublé qui fait de lui le seul et unique coureur à avoir réussi cette performance sur cette distance.

2 médailles d'or

1 médaille d'argent

Sebastian Coe franchit la ligne d'arrivée du 1500m en vainqueur aux Jeux Olympiques de Moscou, en 1980

338
254

NADIA

COMANECI

La perfection

5 médailles d'or (concours général individuel, barres asymétriques, poutre)

3 médailles d'argent (concours général par équipes, concours général individuel)

1 médaille de bronze (au sol)

Le tableau d'affichage des scores du Forum de Montréal n'était pas prêt. Tout simplement parce qu'avant Nadia Comaneci, aucun gymnaste n'avait encore réalisé un sans-faute aux Jeux Olympiques, ni convaincu les juges d'attribuer la note suprême, ce dix numériquement affiché « 1.00 » après l'enchaînement parfait de la Roumaine aux barres asymétriques du concours par équipes. Les 18 000 spectateurs se disent que l'ordinateur a buggé. Son coach Béla Kàrolyi, qui l'entraîne à la dure quatre heures par jour depuis huit ans, n'y croit tellement pas qu'il est prêt à contester ce qu'il pense être un 1/10. Mais non, c'est bien un 10/10. Ce 18 juillet 1976, à 14 ans et huit mois, Nadia Comaneci vient de révolutionner la gymnastique mondiale et son système de notation. Une juge avouera des années plus tard que l'écart de niveau entre la championne d'Onesti et ses concurrentes était tel que si l'une d'entre elles « *obtenait un 9.60, alors Nadia aurait mérité un 11 ou un 12 !* » À Montréal, celle qui devient « la petite fée » réitère son exploit à six reprises et monte cinq fois sur le podium sur six possibles, à la stupéfaction des favorites Soviétiques : l'or au concours général, aux barres asymétriques et à la poutre, l'argent au classement par équipes et le bronze aux exercices au sol.

Devenue une star mondiale en littéralement deux temps-trois mouvements, Nadia Comaneci est contrainte de quitter l'école de son mentor par sa Fédération pilotée de main de fer par le chef de l'État Nicolae Ceausescu. Elle s'installe à Bucarest, ses parents divorcent. Nadia Comaneci déprime, son niveau chute. Deux ans de mal-être, qui s'évacue après avoir obtenu l'autorisation de s'entraîner de nouveau auprès de Kàrolyi. Une résurrection qui se confirme aux Jeux Olympiques de Moscou, en 1980, où les Soviétiques prennent leur revanche et remportent les deux titres majeures (concours général individuel et par équipes), à chaque fois devant Nadia Comaneci – malgré tout titrée au sol et à la poutre –, et la Roumanie.

Nadia Comaneci lors des Jeux Olympiques de Montreal, en 1976

3
SWISS TIMING

1 médaille d'or

JAMES CONNOLY

À jamais le premier

James Connolly posant à côté du drapeau américain à Athènes, en 1896

En ce 6 avril 1896, dans un stade garni de 80 000 fervents supporters, les Jeux Olympiques font leur retour après 1527 ans d'absence. Alors, quand démarre le concours de triple saut, les Athéniens, agacés d'avoir vu les Américains dominés les séries d'athlétisme en ouverture de ces 1ers J.O., espèrent bien du sauteur Ioannis Persakis qu'il décroche le premier titre olympique moderne et honore la patrie de l'olympisme. Mais là encore, un Américain va doucher les espoirs grecs et attiser la colère.

S'il devient « à jamais le premier », James Brendan Connolly entre au Panthéon par la porte de l'interprétation du règlement du concours: le triple-saut n'est en effet pas encore la discipline que l'on connaît et l'épreuve consiste alors à sauter le plus loin possible sans course préalable avec deux cloches-pied pour seul élan… Du moins en théorie: car si Connolly est sacré champion olympique avec un saut mesuré ce jour-là à 13,71m, c'est que son interprétation du règlement lui fait s'autoriser une technique différente des autres sauteurs. Tandis que ses rivaux effectuent leurs deux sauts sans marquer d'arrêt, Connoly, marque un temps d'arrêt entre ses bonds. Une manière que les 80 000 supporters Grecs accueillent avec hostilité. Portant la vindicte populaire sur ces royales épaules, le roi Georges Ier, excédé, va même jusqu'à descendre sur la piste demander des comptes aux jurys. Mais le règlement est formel, Connolly est dans les clous. Son saut est bien valide, et, malgré les contestations, il est donc déclaré vainqueur. Le grec Ioannis Persakis termine troisième avec 12,52m, devancé par le français Alexandre Tufféri qui finit second du concours avec une performance à 12,70m.

Ne rougissant pas de son succès discutable, Connolly adressera un télégramme triomphant par ces mots: « Les Héllènes ont vaincu l'Europe; moi j'ai vaincu le monde entier. » Un titre qu'il aurait pu ne jamais décrocher. Lors d'une escale à Naples pour rejoindre Athènes, le jeune athlète est victime d'un vol. Délesté de ses papiers et de son billet pour la Grèce, il s'engage à la poursuite du pick-pocket, qu'il finit par coincer. Une course-poursuite au cours de laquelle sans nul doute ne marqua-t-il pas le moindre temps d'arrêt…

Charlotte Cooper remporte la première médaille d'or féminine de l'histoire de l'olympisme

CHARLOTTE
COOPER

La première femme en or

Vingt-deux. C'est le nombre de femmes pour la première fois conviées à participer aux Jeux Olympiques, en 1900, à Paris. Un petit pas pour la gent féminine, comparé aux 975 hommes en lice, mais un premier bond de géant dans les mentalités, à une époque où même les esprits les plus progressistes considèrent encore que «tout ce que la femme emprunte à l'homme de qualités viriles, la dénature et nuit à son charme», comme l'écrit le poète français Sully Prudhomme.

Six d'entre elles sont disséminées au sein d'équipes mixtes dans les épreuves de voile, d'équitation, de sauvetage ou de croquet, et seules deux disciplines leur sont totalement réservées: le golf (dix participantes) et le tennis (six athlètes). Et c'est celui que l'on appelle encore le *lawn-tennis* – parce qu'alors le plus souvent pratiqué sur herbe – qui va offrir à l'Histoire du sport sa première médaillée d'or olympique individuelle, le 11 juillet 1900, sur les courts en terre battue de la bucolique île de Puteaux. Déjà vainqueure de trois tournois de Wimbledon (1895, 1896 et 1898) et titrée la veille en double mixte avec Reginald Doherty, la Britannique Charlotte Cooper, bientôt 30 ans, s'impose en deux sets (6/1, 6/4) face à la Française Hélène Prévost. Un succès qu'elle doit à son puissant service qu'elle exécute en frappant la balle en hauteur quand les autres joueuses engagent encore «à la cuiller» et à un jeu offensif désarçonnant. Cette agile et excellente volleyeuse se rue en effet au filet à la moindre occasion malgré un contraignant accoutrement victorien — une longue et lourde robe portée sous un corset qui la sangle.

De son mariage en 1901 avec Alfred Sterry, président de la Lawn Tennis Association, l'une des plus vieilles fédérations sportives au monde, naît Gwendolyn, quatre ans plus tard. La maternité n'empêche pas «Chattie» de retrouver les courts — un exploit en soi, en ce temps-là — et même de remporter de nouveau Wimbledon, en 1908, à 37 ans et 296 jours, devenant la doyenne des joueuses titrées sur le gazon londonien. Un record qui tient toujours. Finaliste en 1912, Charlotte Cooper continuera de taper la balle jusque dans les années 1950. Juste pour le plaisir.

2 médailles d'or

(simple dames, double mixte)

CHRISTIAN

D'ORIOLA

Vendanges olympiques

Christian d'Oriola, à Rome, en 1960

Après avoir échoué au fleuret individuel pour le retour des Jeux Olympiques lors de l'édition 1948 à Londres, l'escrimeur français Christian d'Oriola, rebaptisé d'Artagnan par les Anglais, est bien décidé à marquer de son empreinte les Jeux d'Helsinki 1952. Habitué de la première place, il n'a pas digéré sa médaille d'argent et en veut plus, lui que son père a conditionné à ne toujours viser que la première marche du podium.

Devancé par son compatriote Jéhan de Buhan quatre ans plus tôt, le Perpignanais de désormais 24 ans n'a qu'une idée en tête: décrocher l'or. Lui qui a été privé d'assauts de juin 1949 à septembre 1951 à cause d'une maladie du sang revient toutefois renforcé de cet épisode. Le gamin filiforme de 1948 est en effet devenu un athlète: «*Christian est absolument métamorphosé au point de vue musculaire m'a dit le masseur Marcel Themar. À Londres, c'était un vrai môme, maintenant c'est un athlète*», rapporte le journaliste Armand Laffite dans les colonnes de *L'Équipe* du 24 juillet 1952, au surlendemain de la victoire de l'équipe de France masculine de fleuret. Il faut dire que ce 22 juillet, au Westend Tennis Hall, tout au long du concours de fleuret, d'Oriola a éclaboussé la compétition de son génie et de sa virtuosité, remportant quatorze victoires pour autant d'assauts. Dans la poule finale, contre l'Italie, il inflige même une sévère correction aux ennemis transalpins (au cumul de ses quatre assauts, il totalise 20 touches à 3). Laissant parler toute sa classe, il domine ses concurrents avec une facilité déconcertante.

Lors des épreuves individuelles, en revanche, le diplômé de Droit de l'Université de Montpellier devenu inspecteur d'assurances fait preuve de plus de prudence et de patience pour s'imposer. Sans se démunir de ses atouts techniques, il use cette fois de son sens tactique pour vaincre ses adversaires et réaliser le doublé. Une véritable résurrection pour le jeune Catalan, qui confirmera son statut quatre ans plus tard à Melbourne en décrochant à nouveau l'or en individuel et l'argent par équipes, portant à 4 le nombre de ses titres olympiques. Un palmarès qui lui vaudra d'être porte-drapeau de la délégation française pour ses derniers Jeux lors de l'édition 1960 à Rome.

4 médailles d'or

2 médailles d'argent

Oscar de la Hoya célébrant sa victoire en plein milieu du ring aux Jeux Olympiques de Barcelone, en 1992

OSCAR DE LA HOYA

Au nom de sa mère

Petit-fils et fils de boxeur de Los Angeles, Oscar de la Hoya monte sur un ring dès l'âge de 6 ans et vibre cinq ans plus tard pour les exploits du mi-mouches américain Paul Gonzales, médaillé d'or aux Jeux Olympiques de 1984 organisés dans la Cité des anges. Son rêve sera son objectif: il sera lui-aussi champion olympique. En 1989, à 16 ans, le poids coq remporte les « gants d'or », un équivalent du championnat national. L'année suivante, Oscar de la Hoya est le plus jeune boxeur inscrit aux Goodwill Games, événement sportif multi-disciplinaire inventé quatre ans plus tôt par un magnat de la télé américaine, et décroche la médaille d'or, catégorie poids plumes, à Seattle. De retour chez lui, Oscar de la Hoya découvre cette terrible réalité que sa famille lui cache depuis plusieurs semaines pour ne pas le perturber sur le ring: diagnostiquée d'un cancer incurable, sa mère Cécilia, dont il est si proche, est mourante. Avant son décès, à l'automne 1990, le champion des États-Unis (poids plumes) lui fait la promesse de décrocher l'or olympique. Et s'entraîne comme un forcené, puisant sa force et sa hargne dans la colère qu'il rumine, se sentant coupable de ne pas avoir mieux pris soin de sa mère dans la dernière ligne droite de sa vie. Champion du monde amateur en 1992, Oscar de la Hoya arrive aux Jeux de Barcelone avec la rage au ventre – et une fine moustache en hommage à son héros d'enfance. Inscrit chez les poids légers, il passe sans forcer les trois premiers tours. Puis tombe sur le très coriace coréen Hong Sung-sik dont il se débarrasse difficilement (11-10). En finale, l'Américain retrouve l'Allemand Marco Rudolph. Son quasi-jumeau pugiliste est une vieille connaissance qui l'a battu un an plus tôt dès le premier tour du championnat du monde amateur, à Sydney, avant de décrocher le titre. Cette fois, Oscar ne lui laisse aucune chance (victoire 7-2) et tient sa promesse. Seul Américain en or lors de cette olympiade dominée par les grands rivaux cubains (sept titres sur douze possibles), le kid de Los Angeles devient le « Golden Boy » et passe professionnel. Sa carrière sera tonitruante: Oscar de la Hoya sera le premier boxeur champion du monde dans six catégories reconnues par les quatre plus prestigieuses fédérations (WBC, WBA, IBF et WBO).

1 médaille d'or

Gail Devers lors des demi-finales du 100m haies aux Jeux Olympiques de Barcelone, en 1992

GAIL DEVERS

Ça passe ou ça casse

3 médailles d'or (100m et 4 x 100m)

Sélectionnée aux Jeux de Séoul 1988 sur 100m haies, Gail Devers, 22 ans, représente une belle chance de médaille américaine. Mais en demi-finale, la sprinteuse de Seattle termine dernière de sa série. Étrange. Plus inquiétant encore que cette performance décevante, sa santé se dégrade. Vertiges, violents maux de tête, perte de vue d'un œil… Ses symptômes inquiètent. En 1990, des examens approfondis révèlent l'origine de ces maux. Gail Devers est atteinte de la maladie de Basedow (hyperactivité de la thyroïde). L'amputation de ses deux pieds est même envisagée, avant qu'un médecin ne propose un traitement hormonal efficace.

Rapidement guérie, l'athlète reconnaissable à la taille démesurée de ses ongles parfaitement manucurées va dès lors courir après le temps perdu, ne choisissant pas entre le 100m plat et les haies, convaincue qu'elle peut s'imposer dans les deux disciplines. Le 27 juillet 1992, au Stade olympique de Montjuic de Barcelone, Gail Devers (10"82) remporte le 100m le plus disputé de tous les temps. L'hallucinante photo finish en témoigne : les cinq premières athlètes se tiennent en six petits centièmes ! Le 6 août, largement en tête du 100 m haies, l'or lui tend les bras lorsqu'elle chute sur le dernier obstacle. Elle est cinquième.

Le destin (ou le karma) joue de nouveau avec ses nerfs à Atlanta, en 1996. Dans des proportions et selon des scénarios quasiment identiques. Sur 100m, Gail Devers et la Jamaïcaine Merlene Ottey passent toutes les deux la ligne en 10"94. Comme il y a quatre ans, la photo finish rend son verdict. Et comme il y a quatre ans, c'est l'Américaine qui l'emporte, d'un cheveu. Sur 100m haies, Devers est cette fois à la lutte pour le bronze avec la Française Patricia Girard, qui fait la course de sa vie. Après de longues secondes d'attente, le couperet tombe. Gail Devers échoue à la pire des places (4e). Forfait sur relais en Espagne, elle complète cette fois l'équipe du 4 x 100m qui décroche l'or. C'est le troisième et dernier titre olympique de celle qui ne faisait jamais les choses à moitié…

DAVID

DOUILLET

Le colosse

2 médailles d'or

1 médaille de bronze

Quand David Douillet pose pour la première fois les pieds sur un tatami, en Normandie, il mesure 1,80m, pèse 80 kg et vient de fêter ses… onze ans ! Avec son gabarit d'adulte et cette rage de combattre héritée de son père judoka, le champion précoce écrase tout sur son passage, intègre le sport-études de Rennes puis l'Insep, à seulement 17 ans, repéré par Jean-Luc Rougé, premier champion du monde français. Techniquement talentueux et physiquement hors-normes, l'adolescent se forge un mental de guerrier entre les murs du temple de l'élite sportive française. Champion de France en 1991 et 1992, il goûte une première fois aux Jeux, à Barcelone. Il décroche le bronze, battu en demi-finale par le Japonais Naoya Ogawa qu'il retrouve sur sa route au même stade de la compétition, quatre ans plus tard, à Atlanta. Plus aguerri et entre-temps devenu champion du monde (1995), le colosse français remporte ce qu'il nommera « la finale avant la finale », puis décroche l'or face à l'Espagnol Ernesto Perez Lobo.

Deux mois après son sacre, David Douillet est sérieusement blessé dans un accident de moto. Un mal pour un bien, à en croire l'athlète, également victime du blues du vainqueur et d'une perte totale de motivation pour la suite de sa carrière: « *Cet accident m'a redonné l'envie. Après Atlanta, j'avais l'impression d'avoir fait le tour. J'avais tout gagné… Puis, après l'accident, j'avais un nouveau challenge, celui de redevenir d'abord un athlète, puis un athlète performant.* » Commence alors un long chemin de croix, quatre années de montagnes russes marquées par des retours encourageants aussitôt douchés par les blessures qui s'enchainent (dos, épaule, poignet). Sélectionné pour les Jeux de 2000 à Sydney, David Douillet arrive en Australie avec un corps mal préparé, mais un mental d'airain. Il sert les dents et combat au talent jusqu'en finale, qu'il remporte face au Japonais Shinichi Shinohara au terme d'une confrontation légendaire. Il tire alors sa révérence avec le plus grand palmarès de tous les temps (deux médailles d'or, quatre titres de champion du monde). Jusqu'à l'éclosion d'un certain Teddy Riner…

David Douillet après sa victoire en finale aux Jeux olympiques de Sydney, en 2000

2 médailles d'or (saut en longueur)

1 médaille d'argent (saut en longueur)

2 médailles de bronze (100m et 200m)

HEIKE DRECHSLER

Le revival finlandais

À l'instar d'autres athlètes avant elle, la sprinteuse et sauteuse en longueur Heike Drechsler a connu une carrière olympique mouvementée et la route vers la consécration fut semée d'embûches. Car son histoire avec les Jeux commence sur un rendez-vous manqué: née en Allemagne de l'Est, la jeune sportive ne connaitra pas le bonheur de participer à ses premiers Jeux lors de l'édition 1984 à Los Angeles en raison du boycott de la compétition par les pays du bloc soviétique. Elle devra attendre l'édition suivante à Séoul, où elle s'aligne sur le 100m, le 200m et le saut en longueur. Battue sur le 100m par les Américaines Florence Griffith-Joyner et Evelyn Ashford, elle s'empare tout de même de la médaille de bronze. Comptant sur le 200m, dont elle détient le record du monde avant le début de ces Jeux sud-coréens, pour s'octroyer l'or, elle en est dépossédée par la même Griffith-Joyner qui fait tomber son chrono en demi-finale, puis à nouveau en finale. Impuissante face à la sprinteuse américaine, elle prend là encore la troisième place. Malgré ces deux revers, l'est-allemande peut toujours compter sur le saut en longueur pour être sacrée. Mais là encore, elle croise le chemin d'une Américaine qui va la priver de l'or. Pensant avoir fait le plus dur en sautant plus loin que la recordwoman du monde en titre, elle se voit dépassée par Joyner-Kersee à son cinquième saut, devant ainsi se contenter de l'argent.

Mais ces revers vont forger le caractère de l'Allemande, qui va se présenter aux Jeux de Barcelone avec la ferme intention d'aller chercher l'or. Et c'est à la longueur qu'elle va toucher le Graal, remportant le concours avec un saut à 7m14. Quatre ans plus tard à Atlanta, la championne doit renoncer à défendre son titre, gênée par une blessure au genou. Elle étoffera finalement son palmarès olympique à Sydney où elle sera à nouveau sacrée championne olympique de saut en longueur. Après un parcours olympique contrarié, elle entre finalement au Panthéon de sa discipline en devenant la première (et toujours la seule) femme à remporter deux titres olympiques au saut en longueur. La persévérance de l'Allemande aura donc fini par payer.

Heike Drechsler saluant la foule sur le podium du saut en longueur aux Jeux Olympiques de Barcelone, en 1992

Guy Drut lors de sa 2e place aux Jeux Olympiques de Munich, en 1972

GUY DRUT

S'il ne fallait en gagner qu'une

Si c'est sur le 110m haies que le sprinteur français Guy Drut inscrit son nom au palmarès olympique à l'été 1976, ce fils de mineur du Pas-de-Calais aurait tout aussi pu s'illustrer dans d'autres disciplines de l'athlétisme. Car avant de devenir un « hurdler » au palmarès impressionnant, le jeune homme s'est essayé au décathlon et à la perche, notamment, allant même jusqu'à devenir champion de France junior des épreuves combinées en 1968. Mais après un premier titre européen en 1970, il se consacre dès lors pleinement aux haies. Un choix qui va s'avérer être le bon.

Alors en 1976, à Montréal, déjà septuple champion de France, vice-champion olympique et champion d'Europe en titre, Drut porte avec Thomas Munkelt (RDA) les seules chances continentales. Mais l'affaire est mal embarquée et Drut se présente dans les starting-blocks remplis d'incertitudes: pas au mieux de sa forme, il peine en effet à descendre sous les 13"40 depuis plusieurs mois. Pourtant, à l'heure de prendre le départ de cette finale olympique, même s'il n'a signé que le 13e temps des séries en 14"04, le jeune homme de 25 ans sait qu'au bout de cette ligne droite et de ces dix haies l'attend peut-être la gloire olympique. Dans une saison en demi-teinte marquée par quelques contre-performances et des pépins physiques, Drut va particulièrement bien choisir son moment pour s'illustrer ! Coincé entre les Américains Charles Foster et James Owens au couloir numéro 5, le Français prend un départ moyen, abordant la première haie en avant-dernière position. Un léger retard qu'il a déjà refait deux obstacles plus loin, dépassant à mi-course ses rivaux pour garder la tête jusqu'à l'arrivée pour boucler la course en 13"30 devant le cubain Alejandro Casanas et l'Américain Willie Davenport. Un chrono inespéré qui envoie Guy Drut tout droit au Panthéon de l'athlétisme français, succédant à la coureuse de 400m Colette Besson, championne olympique en 1968 à Mexico. Une performance qui le place également dans les annales du sport continental puisqu'il devient le premier européen à remporter l'or sur la distance, prenant aux Américains un titre qui ne leur avait plus échappé depuis 1932…

1 médaille d'or

1 médaille d'argent

Roger Ducret (4e en partant de la gauche) avec l'équipe de France d'épée à Paris, en 1924

ROGER DUCRET

Apothéose à domicile

Peu de sportifs français peuvent se targuer d'appartenir au cercle très fermé des quintuples médaillés sur une seule édition des Jeux Olympiques, d'été comme d'hiver. En France, le premier – et longtemps le seul – à avoir accompli cet exploit, c'est l'escrimeur Roger Ducret. Un record au Panthéon du sport français encore jamais tombé et qui n'a été égalé que 98 ans plus tard par le biathlète Quentin Fillon Maillet lors des Jeux d'hiver de Pékin 2022.

3 médailles d'or

4 médailles d'argent

1 médaille de bronze

C'est au Vélodrome d'hiver que l'ancien prisonnier de guerre entame ses deuxièmes olympiades avec le fleuret par équipes. Après quatre jours de concours, les Français s'octroient l'or face à leurs voisins Belges. Pour Ducret, ce n'est que le début d'une campagne olympique qui frise la perfection. S'ensuivent en effet quatre autres médailles sur les cinq disciplines dans lesquelles il est engagé: deux en or (au fleuret individuel et à l'épée par équipes) et deux en argent (en épée et au sabre individuels). Pendant toute la durée des épreuves, tenues du 27 juin au 18 juillet, le tireur de 36 ans enchaîne un minimum de vingt assauts par jour. Trois semaines de compétition au cours desquelles il brille par sa précision, son agilité et son endurance. Une endurance qu'il met également au service de son autre talent, l'écriture, puisqu'il couvre les Jeux de Paris comme chroniqueur pour *L'Écho des Sports*, *L'Intransigeant* et *La Petite Gironde*. Un véritable marathon, comme il l'explique dans *D'Estoc et de taille*, ses mémoires sportives publiées en 1949: « *Au lieu de me reposer le soir, il me fallait fournir mon papier aux trois journaux dans lesquels je traitais des questions d'escrime.* »

À l'issue de ces Jeux réussis, apothéose d'une carrière sportive bien remplie, Roger Ducret envisage dans un premier temps de raccrocher. Il se ravise finalement et participe à ses derniers Jeux à Amsterdam, d'où il revient à 40 ans avec une ultime médaille d'argent à ajouter à son palmarès et porter son total olympique à huit médailles.

ARMAND DUPLANTIS

1 médaille d'or

Plus vite, plus haut, plus haut...

Né en Louisiane (États-Unis), en 1999, d'une mère suédoise spécialiste du saut en longueur et d'un père perchiste américain, Armand « Mondo » Duplantis partait avec un avantageux bagage génétique dans la vie. Mais de là à imaginer qu'il franchirait aussi vite et aussi souvent des barres aussi hautes ? En 2015, pas encore âgé de 16 ans, il remporte le titre mondial des moins de 18 ans, et deux ans plus tard, bat le record du monde des moins de 20 ans avec un saut à 5,90m qui interpelle. En 2018, aux championnats d'Europe, le fan de son désormais ami Renaud Lavillenie, champion olympique en 2012 et ex-détenteur du record du monde – « *j'ai toujours adoré la façon dont il pratique la perche, j'ai toujours voulu sauter comme lui* », raconte celui qui concourt pour la Suède – devient le cinquième meilleur sauteur de tous les temps avec une barre à 6,05 m. Il n'a pas encore vingt ans… Médaillé d'argent aux championnats du monde 2019, Armand Duplantis entre définitivement dans l'Histoire en février 2020. Par deux fois. Le 8, en Pologne, « Mondo » efface des tablettes, pour un centimètre, le record de son idole avec un saut vertigineux à 6,17m. Et rebelote la semaine suivante, au meeting de Glasgow, où il passe 6,18m. Là où ses plus glorieux prédécesseurs comme Sergueï Bubka ou le Français ont mis des années à monter aussi haut, lui le réalise en quelques semaines, à 21 ans, avec une facilité déconcertante, ne donnant jamais l'impression de forcer. C'est avec ce style fluide et aérien qu'il devient « logiquement » champion olympique, le 3 août 2021 (6,02m) dans un concours particulièrement relevé. A noter qu'il ne détient pas le record olympique, propriété du Brésilien Thiago Braz da Silva, vainqueur à Rio en 2016 avec un saut à 6,03m et médaillé de bronze à Tokyo.

Champion du monde en 2022, Duplantis n'a plus que lui-même comme adversaire. Il bat son propre record du monde par trois fois cette année-là, avant de conserver son titre en 2023 avec un bond à 6,23m. Hallucinant. Dans le milieu de la perche, d'aucuns racontent qu'il a déjà 6,30m dans les jambes. Et qu'il prendrait volontairement son temps pour se donner un nouveau challenge à chaque compétition. Lui s'en dédie : « *Si je fais exprès de tenter centimètre par centimètre ? Je ne sais pas trop quoi répondre à ça. Je ne sais pas du tout combien de fois, je pourrais rebattre un record du monde, je tente juste d'aller aussi haut que possible.* »

Armand Duplantis au concours de la perche lors des Jeux Olympiques de Tokyo, en 2021

Pierre Durand et Jappeloup lors du concours individuel à Séoul, en 1988

PIERRE DURAND ET JAPPELOUP

La fidélité récompensée

Pour Pierre Durand, les Jeux Olympiques de Séoul 1988 resteront sans conteste comme le summum d'une carrière jalonnée de bien des titres et des honneurs. Mais avant d'en arriver à cette consécration, le natif du Sud-Ouest et sa monture ont dû batailler pour s'offrir une place au Panthéon olympique. Pour certains, c'était même perdu d'avance pour ces deux-là… La faute notamment à un fait marquant survenu aux Jeux de Los Angeles en 1984: lors du concours individuel, Jappeloup refuse l'obstacle N°9 et envoie son cavalier au tapis avant de prendre la fuite vers les écuries. Une scène pas vraiment à la hauteur de l'événement, qui fut la source des moqueries et du sarcasme de certains et surtout qui prive l'équipe de France masculine de métal olympique. Parti en quatrième position, qui demande une grande expérience du couple cavalier-cheval, Pierre Durand et Jappeloup se doivent de faire un sans-faute afin d'espérer ramener le bronze à Paris. Un dernier round qui se passe comme espéré jusqu'à ce fameux obstacle… Et cette chute qui laisse l'équipe de France à la 6e place du concours et Pierre Durand à la 12e place en individuel.

Mais le Girondin n'est pas homme à renoncer, ni à changer de cheval, comme on le lui suggère après cet échec cuisant de 1984. Et même si celui-ci est dit trop petit et réputé pour avoir un caractère difficile, Pierre Durand persiste et prépare les Jeux de Séoul avec la ferme intention de prendre sa revanche afin de montrer au monde des sports équestres qu'il ne s'est pas trompé lorsqu'en 1980 il a fait l'acquisition de Jappeloup. Et le rendez-vous coréen va se dérouler presque à merveille pour le duo: Pierre Durand et sa monture sont en effet sacrés champions olympiques. Autre motif de satisfaction pour Durand, le podium décroché par équipes, qui permet à ses coéquipiers de repartir de Séoul avec eux aussi à leur cou une médaille olympique.

1 médaille d'or (concours individuel)

1 médaille de bronze (concours par équipes)

HICHAM

EL GUERROUJ

Le miracle d'Athènes

On a longtemps pensé qu'un mauvais génie de l'olympisme avait jeté un sort à Hicham El Guerrouj, spécialiste du 1500m puis du 5000m à partir de 2003. Quadruple champion du monde, recordman du monde et vainqueur de 83 courses sur 86 disputées, le Marocain échoue deux fois au pire moment, en finale des Jeux Olympiques. À Atlanta, en 1996, il colle aux basques, prêt à bondir, du grand favori Noureddine Morceli. À l'entame du dernier tour, El Guerrouj heurte le talon de l'Algérien. Les deux coureurs perdent l'équilibre. Morceli parvient à relancer sa foulée mais son jeune rival, lui, chute. Malchance ? Erreur d'inattention ? Faute de jeunesse ? Toujours est-il qu'El Guerrouj chute sur la piste et voit le wagon du peloton lui passer dessus. Après une impossible tentative de remontée, il lâche prise et termine dernier. Entre les Jeux de 1996 et les suivants à Sydney, Hicham El Guerrouj remporte 45 courses (1 500m et mile) sur… 46. Il survole les qualifications et retrouve en finale son ancien lièvre kenyan Noah Ngeny. À deux tours et demi de l'arrivée, le Marocain se place aux avant-postes et mène la danse jusque dans la dernière ligne droite. Cette fois, c'est sûr, l'or est en point de mire. C'est sans compter le retour fulgurant de NGeny qui le rejoint à 50m du but et le laisse scotché au tartan à 25m de la ligne. Totalement sonné par ce second échec en finale, le « King of the mile » retourne au turbin, enchaîne de nouveau les victoires (32) et monte sur 5 000m (vice-champion du monde en 2003). Il se lance alors un défi aussi risqué qu'insensé : réussir le doublé 1 500/5 000 aux Jeux Olympiques d'Athènes, l'année suivante. En finale du 1 500m, Hicham El Guerrouj voit longtemps son plan contrarié par le Kenyan Bernard Lagat qui le dépasse à quarante mètres de l'arrivée. Dans un dernier coup de rein, le Marocain l'emporte sur le fil. Et d'une, enfin ! Quatre jours plus tard, sur 5 000m, l'affaire se présente très mal. Enfermé dans le peloton, le Marocain s'en extirpe à 200m de l'arrivée et se lance à la poursuite de l'Éthiopien Kenenisa Bekele, déjà champion olympique du 10 000m. Au coude-à-coude à 60 mètres de la ligne, El Guerrouj place un « kick » ravageur et file vers sa deuxième médaille d'or, devenant le premier coureur à réaliser ce doublé depuis Paavo Nurmi, 80 ans plus tôt !

2 médailles d'or
(1 500m et 5 000m)

1 médaille d'argent
(1 500m)

Hicham El Guerrouj après sa victoire sur le 5000m, faisant le chiffre « 2 » avec ses doigts. Deux, comme le nombre de médailles d'or obtenues lors de ces jeux d'Athènes

TONY

ESTANGUET

Seul au sommet

Dans le club très fermé des sportifs français ayant marqué l'histoire de l'olympisme hexagonal, Tony Estanguet occupe une place à part. Une place unique même. Une place qui revient à l'ancien céiste et actuel président du Comité d'organisation de Paris 2024, car il est le seul à avoir réussi la passe de trois titres olympiques sur trois éditions différentes.

Une légende personnelle dont il a écrit les premières lignes en 2000, à Sydney. À seulement 22 ans, il remporte cette année-là le premier de ses trois titres aux J.O., privant d'un second sacre celui qui sera son grand rival tout au long de sa carrière, le Slovaque Michal Martikan, vainqueur 4 ans plus tôt à Atlanta. Après un titre de champion du monde junior décroché en 1998, le jeune Tony confirme ainsi en Australie le talent qu'on lui pressentait déjà, lui qui s'est qualifié pour ses premiers Jeux aux dépens de son frère aîné, Patrice, médaillé de bronze en 1996 dans la même discipline. Ce premier titre, conquis dans le bassin artificiel du Reggatta Center, amorce le début d'une histoire olympique qu'Estanguet prolonge 4 ans plus tard à Athènes.

S'il était outsider à Sydney, il débarque en Grèce avec une toute autre stature : champion olympique en titre, vainqueur de la Coupe du monde, il porte cette fois un costume de favori qu'il va porter avec assurance malgré une concurrence plus rude encore qu'à Sydney. Mais s'il est en effet battu par Martikan au tour préliminaire et en demi-finale, le Palois va descendre le run final en effaçant les vingt portes du slalom sans la moindre faute et ainsi s'offrir un second sacre olympique… Pour douze petits centièmes de secondes d'avance sur son dauphin, le céiste béarnais démontre à 26 ans qu'il n'est plus un espoir ni une révélation mais bien un champion parti pour devenir une légende du sport français. Un rang qu'il peut atteindre quatre ans plus tard à Pékin en 2008. Il n'aura alors que 30 ans et pourrait même s'offrir un quadruplé d'anthologie. Malheureusement, ne parvenant jamais à dompter les remous du bassin pékinois, celui qui a été nommé porte-drapeau de la délégation française pour ces Jeux est éliminé en demi-finale à la surprise générale. Après ce rendez-vous manqué en terres asiatiques, c'est finalement à Londres, en 2012, que sa dernière chance de réaliser l'inédit lui est offerte. Une ultime occasion qu'il ne va cette fois pas rater.

Tony Estanguet lors des Jeux Olympiques de Londres, en 2012

3
médailles d'or (slalom C1)

FRA

George Eyser, en pantalon au centre, en 1908

GEORGE EYSER

Le premier athlète paralympique

3 médailles d'or (montée de corde, saut de cheval, barres parallèles)

2 médailles d'argent (combiné de 4 épreuves, cheval d'arçons)

1 médaille de bronze (barre fixe)

C'est à Saint-Louis (Missouri) que George Eyser semble avoir pris rendez-vous avec son destin, le 29 octobre 1904. Car ce jour-là, l'athlète américain d'origine allemande, naturalisé dix ans plus tôt, est en état de grâce. Tout lui sourit. Trois mois plus tôt, il a vécu un véritable calvaire, seulement 71e d'un tournoi olympique. «Easy George», comme on le surnomme, n'arrive donc pas dans la peau d'un favori, ni encore moins dans celle de l'homme à battre lors de ces Championnats Olympiques de Gymnastique – en 1904, les Jeux sont organisés sur plusieurs mois. Mais ce samedi 29 octobre, dans le Francis Olympic Field de l'Université de Saint-Louis, George Eyser domine les débats.
George Eyser n'est pas un athlète comme les autres. Amputé d'une partie de la jambe gauche durant l'adolescence après qu'un train lui a roulé dessus, Eyser porte une prothèse en bois. Qu'importe ce handicap, l'homme de 34 ans s'aligne sur tous les agrès. Athlète paralympique avant l'heure, c'est devant son public qu'il va marquer cette journée de son empreinte en remportant trois médailles d'or, deux d'argent et une de bronze dans la même journée. C'est même une véritable marque indélébile dans la grande histoire des Jeux que va laisser le natif de Kiel, en Allemagne. Premier aux barres parallèles, au saut de cheval et à la corde lisse. Deuxième au concours complet quatre épreuves et au cheval d'arçons. Et enfin troisième à la barre fixe. Il parvient à faire oublier la performance non moins extraordinaire de son compatriote Anton Heida, qui glane lui aussi six récompenses, avec cinq titres individuels et une médaille d'argent. Premier athlète équipé d'une prothèse à participer aux Jeux Olympiques moderne, George Eyser ne sera imité que… 104 ans plus tard, avec la participation de la nageuse paralympique sud-africaine Natalie de Toit aux épreuves de nage en eau libre lors de Jeux de Pékin 2008. Quatre ans plus tard, à Londres, c'est un autre athlète paralympique sud-africain qui s'illustrera en participant aux épreuves du 400m et du relais 4x400m, un certain Oscar Pistorius.

MO FARAH

L'incroyable destin

4 médailles d'or (5 000m et 10 000m)

Si on peut raisonnablement affirmer que tous les champions ont une trajectoire de vie hors-du-commun, celle de Mohamed Farah est tout à fait extraordinaire et digne d'un héros de Charles Dickens: né en 1983 dans une famille somalienne, il est enlevé puis conduit clandestinement en Europe, où, à l'âge de 9 ans, il est fait domestique avant d'être finalement scolarisé trois ans plus tard, au Feltham Community College. Ne parlant pas l'anglais, il trouve dans la course à pied un terrain de jeu où il peut briller.

Aujourd'hui considéré par certains spécialistes de la course à pied comme le plus grand fondeur de l'histoire, le coureur Britannique en est assurément l'un des plus grands représentants. Un statut conquis notamment grâce à ses performances aux Jeux Olympiques: en effet, après le Finlandais Lasse Viren en 1972 et 1976, il est le deuxième athlète de l'histoire à réaliser le double-doublé sur 5 000m et 10 000m, épreuves qu'il remporte à Londres en 2012 et à Rio en 2016. Entre ces deux compétitions, il réalise également le même double-doublé lors des championnats du monde d'athlé de 2013 et 2015, faisant de lui le maître incontesté de la discipline de la décennie. Un premier double-doublé à la saveur particulière, qu'il va réaliser dans son pays d'adoption lors des Jeux de 2012.

Dans une course tactique à l'allure lente, Farah prend la corde à 700m de la ligne et ne va plus la lâcher. Lancé à 27km/h, il boucle le dernier tour de pistes en 52 secondes et résiste aux assauts de ses concurrents. Une semaine après sa médaille d'or sur le 10 000m, Farah entre dans le Temple de la renommée de l'athlétisme olympique par la plus grande porte. Après Emil Zatopek ou Lasse Viren avant lui, il réalise le doublé en une olympiade. Un exploit qu'il réitère quatre ans plus en terres brésiliennes et qui lui vaut d'être anobli par la Reine l'année suivante. Un destin exceptionnel pour l'enfant victime de trafic arraché à sa famille et arrivé au Royaume-Uni contre son gré.

Mo Farah célébrant sa victoire à l'approche de la ligne d'arrivée lors de la finale du 10 000m aux Jeux Olympiques de Londres, en 2012

Laure Flessel (à droite) et Valérie Barlois (à gauche) en finale de l'épée individuelle des Jeux Olympiques d'Atlanta, en 1996

LAURA FLESSEL

Le doublé inédit

2 médailles d'or (épée individuelle et par équipe)

1 médaille d'argent (épée individuelle)

2 médailles de bronze (épée individuelle et par équipe)

Après 100 ans d'absence aux Jeux, les épéistes féminines sont pour la première fois conviées à prendre part aux épreuves olympiques en 1996 à Atlanta, à l'occasion du centenaire des Jeux modernes – jusque-là, seules les pratiquantes du fleuret avaient pu concourir. Une occasion que la Française Laura Flessel va saisir pour marquer de son empreinte cette XXVIe édition en devenant la première médaillée d'or de sa discipline.

Cet été-là, à 25 ans, « la Guêpe » comme on la surnomme n'est pourtant pas favorite au titre suprême. Certes sacrée vice-championne du monde par équipe à La Haye un an plus tôt, où elle y a également décroché sa première médaille en terminant 3e en individuel, Laura Flessel fait figure d'outsider; le costume de favorite revenant plutôt à la hongroise Gyöngyi Szalay. Habitée par une rage de vaincre communicative, la Guadeloupéenne écarte sa rivale hongroise de la course au titre en demi-finale. Pour son ultime match dans cette compétition, la gamine de Pointe-à-Pitre trouve sur son chemin une épéiste qu'elle connaît bien, puisqu'il s'agit de sa compatriote et coéquipière Valérie Barlois – avec qui elle va remporter trois jours plus tard le concours par équipe. Dans une finale qu'elle entame tambour battant, Flessel prend rapidement la tête pour posséder jusqu'à six touches d'avance. Un écart qu'elle voit se réduire à trois, avant l'ultime touche qui la consacre championne olympique, 5 ans seulement après ses premières compétitions à l'épée. Trois jours après son titre individuel, Laura Flessel savoure la victoire en équipe. Un doublé inédit, qu'aucune épéiste n'est encore parvenue à égaler chez les femmes.

Quatre ans plus tard à Sydney, Flessel échoue à conserver son titre, battue en demi-finale par la Hongroise Timéa Nagy, s'offrant tout de même une médaille de bronze qui vient garnir un palmarès qu'elle complètera par deux nouvelles médailles à Athènes en 2004 (argent en individuelle et bronze par équipe). En 2008 à Pékin, la championne française est battue en quarts de finale. Elle tire finalement sa révérence à 40 ans lors des Jeux de Londres en 2012, qu'elle dispute en tant que porte-drapeau de la délégation tricolore.

GEORGE FOREMAN

1 médaille d'or (poids lourds)

Le challenger aux poings de fer

Future légende de la boxe professionnelle et champion du monde des poids lourds en 1973, George Foreman arrive aux Jeux Olympiques de Mexico dans la peau d'un challenger trop inexpérimenté pour espérer l'emporter. À 19 ans, le gamin du ghetto de Houston n'enfile les gants que depuis quatre ans, est officiellement monté sur un ring seulement dix-huit mois plus tôt et ne compte que dix-huit combats au compteur. Malgré son titre de champion des États-Unis obtenu en mars et sa qualification face à Otis Evans, l'Américain renvoyé de l'école à quinze ans et qui ne vit que pour le noble art est le seul à croire en ses chances. Au Mexique, George Foreman, vif et massif (1,90, 99 kg), monte tour après tour en puissance. Après s'être débarrassé du Polonais Lucjan Trela aux points (4-1), puis du Roumain Ion Alexe aux poings (arrêt de l'arbitre), George Foreman met KO l'Italien Giorgio Bambini dès le deuxième round de la demi-finale. La dernière marche, elle, paraît bien trop haute face au Soviétique Ionas Chepulis, vainqueur spectaculaire de ses trois premiers combats arrêtés par l'arbitre. Très attendu, ce combat dans la catégorie reine, qui est aussi un très symbolique duel États-Unis – URSS, tourne court. Le Texan fait tomber une pluie de coups sur le colosse lituanien et est déclaré vainqueur moins d'une minute après le début du deuxième round. Après avoir brandi le poing, George Foreman fait flotter un petit drapeau américain sur le ring. En pleine polémique mondiale à la suite du geste des sprinteurs Tommie Smith et John Carlos, médaillés d'or et de bronze du 200m fustigé pour avoir brandi un poing en l'air en signe de protestation contre la ségrégation aux États-Unis, le clin d'œil patriotique du boxeur est mal interprété. Il sera même utilisé contre lui par Mohamed Ali, farouche opposant à l'establishment, avant leur combat mythique de Kinshasa, en 1974. George Foreman marquera de nouveau l'histoire, en 1994, en récupérant à 45 ans (!) les ceintures mondiales IBF et WBA. Il reste le plus vieux champion de tous les temps.

George Foreman, drapeau américain en main, après sa finale victorieuse aux Jeux Olympiques de Mexico, en 1968

DICK FOSBURY

Le révolutionnaire

Des centaines de championnes et de champions, toutes générations confondues, peuvent se targuer d'appartenir à la grande histoire du sport grâce à leurs exploits, leur personnalité ou leur palmarès. Mais ils sont bien peu nombreux à avoir décroché la reconnaissance suprême dont ils rêvent tous en secret, celle de voir leur nom devenir celui d'un geste technique inscrit à jamais dans le dictionnaire et le vocabulaire sportif. Au football, il y a le Tchèque Antonin Panenka, inventeur de ce désormais célèbre tir en pichenette qui trompa le gardien allemand lors de la séance de tirs au but et donna ainsi la victoire à son pays en finale de la Coupe d'Europe des nations 1976. En athlétisme, il y a l'Américain Dick Fosbury, spécialiste du saut en hauteur, qui remporte à 21 ans le concours des Jeux Olympiques de Mexico 1968 en passant la barre… dos à celle-ci, ce qui ne s'était alors jamais vu sur la scène mondiale !

Ovationnée par la foule si éberluée qu'elle en oublie ce jour-là d'applaudir l'arrivée des marathoniens dans le stade, cette technique dite du « rouleau dorsal » (l'inverse du « rouleau ventral » jusqu'alors utilisé par tous les sauteurs) est née cinq ans plus tôt de l'inspiration de Fosbury en personne – bien qui ne soit pas le premier à pratiquer cette technique, la paternité de ce geste revenant probablement à Bruce Quandle –, lui qui ne parvient alors pas à dépasser le petit 1,80 m en utilisant la méthode traditionnelle. Étrennée sur le sol américain lors de championnats universitaires et des sélections américaines et donc révélée au monde sur le sol mexicain, l'invention est si inédite et spectaculaire que son premier saut est d'abord invalidé par les juges. Durant de longues minutes, ils sont contraints de se plonger dans le règlement qui ne précise rien d'autre que « l'obligation de prendre appel sur un seul pied ». Finalement autorisé, le « Fosbury-flop » permet à l'Américain de franchir aisément cinq barres initiales dès son premier essai jusqu'à 2,20 m, remportant la victoire à 2,24 m à la troisième tentative devant son rival national Ed Caruthers, record olympique à la clé. Fêté en héros à son retour au pays, Dick Fosbury s'accommode très mal de ce statut d'idole. Il échoue à se qualifier pour l'olympiade suivante, devient ingénieur et se réfugie dans l'anonymat. Mais qu'il le veuille ou non, son nom restera pour toujours celui d'un geste révolutionnaire utilisé par tous après lui.

1 médaille d'or

Dick Fosbury en finale des Jeux Olympiques de Mexico en 1968 effectuant son saut révolutionnaire.

DAWN FRASER

Le triplé amer

4 médailles d'or (100m nage libre et 4x100m nage libre)

4 médailles d'argent (4x100m nage libre et 4x100m 4 nages)

C'est à Tokyo, en 1964, que la nageuse australienne Dawn Fraser boucle son aventure olympique avec en ligne de mire un défi inédit pour aborder la compétition: devenir la première athlète de natation à remporter trois fois l'or de manière consécutive sur la même discipline, hommes et femmes confondus. Pour arriver dans cette position au Japon, c'est qu'elle est déjà double championne olympique en titre. Des compétitions remportées à Melbourne en 1956 et à Rome en 1960.

Pour son premier succès, chez elle, à Melbourne, à seulement 19 ans, devant sa famille et ses amis venus la supporter, la jeune femme frappe un grand coup d'entrée, en battant le record olympique dès les séries. Si la demi-finale est une formalité, en finale elle doit en revanche s'employer pour devancer sa compatriote Lorraine Crapp, qu'elle bat de trois dixièmes. Après le record olympique, elle efface le record du monde… qu'elle avait elle-même déjà établi quelques mois plus tôt. Quatre ans plus tard à Rome, cette fille d'extraction modeste issue de la classe ouvrière australienne impose encore un peu plus son nom au Panthéon du sport mondial. Elle renouvelle son bail olympique pour quatre ans en triomphant à nouveau et abaisse une fois encore le record olympique. Ce record, elle va le faire tomber quatre ans plus tard à Tokyo et faire franchir un cap symbolique à la natation féminine en devenant la première femme à descendre sous la minute au 100m nage libre lors des Jeux Olympiques (elle a déjà nagé le 100m en 59"9 en 1962), entraînant dans son sillage la nageuse Américaine Sharon Stouder, qui malgré sa performance unique doit se contenter de l'argent, barrée par une Fraser au sommet de son art. Paradoxalement, c'est pour la championne une consécration au goût amer: elle a perdu sa maman quelques mois plus tôt lors d'un grave accident de la circulation dans lequel elle a été blessée également. Dévastée par cet événement tragique, elle n'a plus goût à rien et décide de renoncer aux Jeux de Tokyo. Sorti de la dépression par sa famille et ses proches, elle retrouve l'envie et se présente en terres nipponnes avec la volonté de briller pour celle qui l'avait vue devenir championne olympique à Melbourne.

Dawn Fraser après sa victoire sur le 100m nage libre à Tokyo, en 1964

SHELLY-ANN

FRAZER-PRYCE

La fusée

Shelly-Ann Fraser-Pryce célébrant sa victoire au 100m, drapeau sur les épaules, lors des Jeux olympiques de Pékin, en 2008

Un vieux dicton raconte que « la foudre ne tombe jamais deux fois au même endroit ». On sait que c'est scientifiquement faux, et les Jeux Olympiques de Pékin en sont la meilleure preuve. Le 17 août 2008, au lendemain du tremblement de terre généré par « la Foudre » Usain Bolt, vainqueur du 100m dans un chrono dépassant l'entendement (9"69), un autre éclair de génie illumine la piste d'athlétisme du Nid d'Oiseau. Au couloir 4, une boule d'énergie de 21 ans, impressionnante en séries, gobe les 100m en 10"72. Shelly-Ann Fraser devient la première Jamaïcaine à s'offrir l'or sur la distance reine aux JO. Et comme son célèbre compatriote, c'est le début d'un règne olympique. Championne du monde en 2009, « Pocket Rocket », surnom hérité de son explosivité et de sa petite taille – 1,52 m –, connaît un passage à vide en 2010 et 2011, suspendue pour dopage pour avoir utilisé un médicament proscrit afin de soigner une rage de dent. Revenue en pleine forme et avec la meilleure performance mondiale de l'année à l'aune des Jeux Olympiques de Londres, Shelly-Ann Fraser-Pryce conserve son titre sur 100m (comme les Américaines Wyomia Tyus en 1964-1968 et Gail Devers en 1992-1996) et garnit son armoire à trophées de deux médailles d'argent (200m et 4 x 100m). Mais « SAFP » en veut toujours plus. Triple championne du monde en 2013 à Moscou (100m, 200m et 4 x 100m) avant un autre doublé mondial à Pékin deux ans plus tard (100m, 4 x 100m), la sprinteuse manque le triplé historique aux Jeux de Rio 2016 (bronze) puis à Tokyo en 2021 (argent). Au Japon, « Mommy Rocket » (elle a fait une pause maternité en 2017) entre tout de même dans l'histoire, en devenant l'athlète la plus médaillée de l'histoire sur cette distance et en décrochant pour la première fois l'or en relais 4 x 100m. Championne du monde du 100m et troisième en 2023, Shelly-Ann Fraser-Pryce n'a pas renoncé à son rêve de triplé et fera tout pour asseoir un peu plus sa légende, à Paris, en 2024.

3 médailles d'or (100m)

4 médailles d'argent (200m, 4 x 100m)

1 médaille de bronze (100m)

1 médaille d'or

1 médaille d'argent

CATHY FREEMAN

Le trait d'union

Devancée en finale du 400m des Jeux d'Atlanta 1996 par Marie-José Pérec, mais entre-temps devenue double championne du monde du tour de piste et vainqueure de 41 de ses 42 dernières courses disputées depuis trois ans, l'Australienne Cathy Freeman est la grandissime favorite de l'épreuve lors de la dernière olympiade du millénaire, organisée dans son pays. La sprinteuse l'est d'autant plus que sa rivale française quitte précipitamment Sydney, le 20 septembre, deux jours avant le début des séries. Si le champ est libre côté sportif, l'athlète d'origine aborigène doit toutefois supporter la ferveur populaire qui vire à l'hystérie, et surtout gérer l'énorme poids du symbole qu'elle représente. C'est en effet elle qui allume la flamme olympique le soir de la cérémonie d'ouverture, un choix éminemment politique. Le gouvernement australien veut à travers elle réconcilier les descendants de l'émigration européenne et les Aborigènes, peuple indigène de l'île-continent victime de la colonisation. Et qui de mieux que la petite-fille d'une victime des « générations volées », ces enfants arrachés à leur famille pour être élevés dans des missions religieuses, pour incarner la réconciliation nationale, si compliquée, si taboue mais tant souhaitée ?

Le 25 septembre, Cathy Freeman, « facile » en qualifications, se présente au couloir 6 du Stadium Australia dans une étonnante et aérodynamique combinaison intégrale la couvrant de la tête aux pieds. Annoncées en grande forme, ses rivales Lorraine Graham (Jamaïque) et Katharina Merry (Royaume-Uni) espéreront voler la vedette à l'Australienne jusque dans le dernier virage, puis ne la verront plus que de dos. Au bout de la dernière ligne droite, Cathy Freeman décroche la centième médaille d'or de l'Australie dans l'histoire des Jeux Olympiques – encore un symbole. Soulagée, puis émue et enfin radieuse, elle entame un tour d'honneur avec les deux drapeaux – australien et aborigène – noués sur les épaules.

Cathy Freeman dans sa combinaison lors des Jeux Olympiques de Sydney, en 2000

Jean Galfione lors de la finale de saut à la perche aux Jeux Olympiques d'Atlanta, en 1996

JEAN

GALFIONE

Au sommet de son art

1 médaille d'or

S'ils ne sont pas les plus prolifiques au bilan comptable avec un modeste total de trente-sept médailles, les Jeux d'Atlanta en 1996 doivent être considérés avec la plus grande attention tant ils revêtent les habits de l'édition la plus mémorable du sport français. Jeannie Longo, Florian Rousseau, Laura Flessel, David Douillet… Autant de noms qui ont marqué le sport français de la fin du XXe siècle lors de cette olympiade, de laquelle la France revient avec quinze champions olympiques. Et parmi eux, comment ne pas mentionner le perchiste Jean Galfione, qui, pour la deuxième fois seulement, ramène à la France le titre de champion olympique dans la discipline. La première fois, c'était douze ans plus tôt, en juillet 1984. Cet été-là, un certain Pierre Quinon s'était propulsé plus haut que tout le monde dans le ciel de Los Angeles pour offrir à l'athlétisme hexagonal son premier sacre à la perche. Jean Galfione avait alors 13 ans et se découvrait un héros en feuilletant *Paris Match*. Ironie touchante de l'histoire, ce n'est autre que le champion olympique 1984 que Galfione est le premier à étreindre pour fêter sa victoire dans le Centennial Stadium.

Au terme d'un concours qu'il a maitrisé avec sang-froid et détermination, au cours duquel il a brillé tant par sa technique irréprochable que par sa forme physique supérieure, ingrédients nécessaires qui lui permettent ce jour-là d'enchainer les barres en un seul essai, Jean Galfione aborde ainsi ses derniers sauts avec un avantage sur ses concurrents, et qui lui a permis de gérer le concours avec une grande intelligence tactique. De fait, au bout d'une compétition qu'il a dominé, Galfione va se faire un nom aux yeux du grand public en s'offrant le record olympique, effaçant les 5,90m que l'Ukrainien Sergueï Bubka avait réalisé à Séoul en 1988. L'athlétisme français devra attendre seize ans avant de revoir une médaille d'or, là encore apportée par un perchiste, Renaud Lavillenie.

HAILE

GEBRSELASSIE

La légende éthiopienne

Haile Gebrselassie en tête lors de la finale du 10 000m lors des Jeux Olympiques de Sydney, en 2000

2 médailles d'or (10 000m)

Enfant des hauts-plateaux d'Afrique de l'Est, né dans un petit village du centre de l'Éthiopie, Hailé Gebrselassie s'est hissé sur le toit du monde de l'athlétisme un soir de juillet 1996 pour n'en plus jamais redescendre. Plus précisément, le 29 juillet, dans un Centennial Olympic Stadium où les 85 000 spectateurs massés dans les travées assistent en direct au passage de témoin entre deux générations d'athlètes: tandis que le jeune Ethiopien s'élance avec les autres finalistes pour disputer sa première finale olympique et conquérir son premier sacre sur 10 000m, sur le sautoir, à quelques encablures, Carl Lewis vient quant à lui de décrocher la dernière de ses neuf médailles olympiques en remportant pour la quatrième fois en 12 ans le concours de saut en longueur. Une légende de l'athlétisme tire sa révérence quand une autre est en train de naître sur la piste. Car en effet, c'est bien de cela dont il s'agit: détenteur du record du monde en 26min46s depuis juin 1995, le jeune Gebrsellassie, 23 ans, est déjà double champion du monde de la discipline (1993 et 1995).

Certes grandissime favori, il ne s'attend toutefois pas à ce que la concurrence le laisse l'emporter sans lutter. Et c'est le Kényan Paul Tergat qui va pousser Gebré, comme le surnomment certains, dans ses retranchements. Un duel d'anthologie couru à un rythme infernal: longtemps accroché par le longiligne athlète kényan, le futur vainqueur attaque son rival à 400m de l'arrivée pour boucler les 25 tours de piste avec 20 secondes d'avance sur le précédent record olympique, établi à Séoul en 1988 par le Marocain Brahim Boutayeb. Vice-champion olympique, Tergat court lui aussi plus vite que le précédent record olympique. Remarquable mais insuffisant pour venir à bout de son concurrent.

Quatre ans plus tard à Sydney, le petit homme au grand cœur rejoindra le club très fermé des double champion olympique de la discipline, devenant le premier athlète africain a réalisé pareil exploit. Un deuxième titre obtenu là encore non sans une adversité digne de ce nom, et aux dépens d'un certain… Paul Tergat.

ANTON
GEESINK

1 médaille d'or (toutes catégories)

Le triomphe modeste

Lors des Jeux Olympiques de Tokyo en octobre 1964, 24 ans après le rendez-vous avorté de 1940 — l'édition aurait dû s'y dérouler —, le judo fait son apparition au programme de la quinzaine sportive, pour la première fois. Une volonté du pays organisateur, berceau de la discipline mais dont l'hégémonie naissante est contestée par un Néerlandais d'1m98 pour 115kgs, Anton Geesink, qui s'est attribué trois ans plus tôt le titre de champion du monde « Toutes catégories ». Il était devenu à cette occasion le premier non-Japonais à l'emporter dans la catégorie reine — un titre qui restera ensuite japonais jusqu'en 1993.

Logiquement favori du tournoi olympique, Geesink est redouté par ses rivaux. D'autant qu'il s'est préparé à les affronter sous les ordres du Maître Haku Michigami, qui voit en son disciple l'opportunité de façonner un judoka modèle. Avec lui, Geesink va notamment travailler son jeu au sol, qu'il considère comme l'avenir du judo. Un choix marqué du sceau de l'efficacité et du rationalisme, aux antipodes du romantisme japonais et de son amour pour les victoires spectaculaires qui va donner raison au Batave. Le natif d'Utrecht fait bien mieux que rivaliser avec les judokas du pays du Soleil-Levant : en phase de poule, il remporte ses deux combats, contraignant son futur adversaire en finale, Akio Kaminaga, à passer par les repêchages. Si la demi-finale est une formalité expédiée en 12 secondes, la finale est d'un tout autre calibre. Devant 15 000 spectateurs massés au Budokan Hall pour voir Kaminaga parachever le sans-faute japonais sur les tatamis, Anton Geesink ne va pas flancher. Au bout de neuf longues minutes d'un combat aussi intense qu'indécis, Geesink envoie Kaminaga au sol et peut conclure par Hon-Kesa-Gatame, une technique d'immobilisation également utilisée en lutte, un sport que Geesink connaît bien puisqu'il y a décroché un titre national en 1956. Après avoir contenu Kaminaga pendant trente interminables secondes, le combat prend fin et Geesink est sacré champion olympique. Un triomphe que quelques-uns de ses supporters tentent de fêter avec lui sur le tatami mais qu'il invite à ne pas faire preuve d'un triomphe ostentatoire. Un comportement et une retenue qui lui vaudront le respect et la sympathie du peuple japonais.

Anton Geesink en finale des Jeux Olympiques de Tokyo en 1964 face à Akio Kaminaga

STEFFI

GRAF

1 médaille d'or

1 médaille de bronze

Le Grand Chelem Doré

Pour les athlètes aux palmarès les plus fournis et aux carrières les plus longues, il est parfois difficile de dégager une année plutôt qu'une autre à l'heure de tirer leur révérence et faire le bilan de leur épopée sportive. Pour Steffi Graf en revanche, nul doute que le choix serait simple tant l'année 1988 est pour la tenniswoman allemande la plus prolifique de sa carrière et en signe probablement l'apogée. C'est bien simple, cette année-là Steffi Graf rafle tout sur son passage, asseyant sa domination sans partage sur le tennis féminin mondial. Open d'Australie, Roland-Garros, Wimbledon, US Open. Elle s'adjuge les quatre titres du Grand Chelem au terme d'une saison qu'elle termine à la première place du classement mondial. Une première place qu'elle occupe depuis août 1987 et qu'elle va conserver pendant 186 semaines, jusqu'en mars 1991. Un règne de quatre ans, ponctué par une saison olympique, dont le rendez-vous se tient en Corée du Sud en 1988. Et à Séoul, Steffi Graf s'engage sur le tournoi comme ultra-favorite.

Poussée une fois à disputer un 3e set lors des quarts de finale par la tête de série numéro 11 Larissa Savchenko, la native de Mannheim n'est jamais vraiment inquiétée par ses concurrentes et termine par battre sèchement en finale l'Américaine Zina Garrisson 6-2/6-0, concluant une quinzaine qui la propulse dans les annales de l'olympisme pour de bon. Quatre ans plus tôt, Steffi Graf avait déjà remporté le tournoi de tennis olympique à Los Angeles… Un titre honorifique non-homologué puisqu'il s'agissait d'un tournoi de démonstration, qui n'est pas pris en compte au classement officiel des médailles et qu'elle remporte à l'âge de seulement 15 ans ! Mais à Séoul, la performance est bel et bien officielle et Steffi Graf succède à l'Américaine Helen Wills, championne olympique… en 1924. Un titre que la championne germanique complète par une médaille de bronze en double. Quatre ans plus tard à Barcelone, elle n'est pas loin de devenir la première femme à préserver son titre en simple, battue en finale par l'Américaine Jennifer Capriati.

Steffi Graf lors du tournoi en simple aux Jeux Olympiques de Séoul, en 1988

DEZSÖ GYARMATI

Le Pelé du polo

3 médailles d'or

1 médaille d'argent

1 médaille de bronze

Excellent nageur (58"5 au 100m), le Hongrois Dezsö Gyarmati opte finalement pour le water-polo, le sport national, et intègre à 21 ans la sélection magyare pour participer aux Jeux de Londres de 1948 (médaille d'argent). Quatre ans plus tard, à Helsinki, Gyarmati, ambidextre et aussi doué en défense qu'en attaque, est la star de l'équipe, qui l'emporte au terme d'une finale à suspens face à la Yougoslavie. La Hongrie conserve son titre en 1956, à Melbourne. Une médaille d'or à la saveur particulière… Un mois avant le début des Jeux, l'armée soviétique réprime durement l'insurrection populaire de Budapest, causant la mort de centaines de Hongrois. Plutôt que céder à l'abattement, Gyarmati et ses coéquipiers y puisent une source de motivation supplémentaire; une force décuplée le 6 décembre au moment d'affronter l'URSS. Dominé par les Hongrois (4-0), le match devient le désormais célèbre « bain de sang de Melbourne »: à cinq minutes du coup de sifflet final, un joueur soviétique assène un violent coup de coude à Ervin Zador, qui sort du bassin avec l'arcade sourcilière tailladée. Puis les coups pleuvent, d'une violence inouïe, obligeant même l'arbitre à arrêter la rencontre avant son terme. Couverts d'or le lendemain, plusieurs membres de l'équipe décident de ne pas rentrer au pays, par crainte de représailles, et fuient à l'étranger. Dezsö Gyarmati n'est pas de ceux-là, accentuant un peu plus son statut d'icône nationale.

Seulement médaillé de bronze aux Jeux de Rome 1960, le capitaine hongrois refuse de finir sans l'or autour du cou. Il rempile une dernière fois, à bientôt 38 ans, pour les Jeux de Tokyo, où le prince du water-polo conduit ses jeunes coéquipiers à la victoire avant de prendre sa retraite. Et laisser un vide immense. Orpheline de son héros encore aujourd'hui considéré comme le meilleur joueur de water-polo de tous les temps, la sélection hongroise doit attendre 1976 pour récupérer l'or olympique, bien aidée par l'expérience de son coach. Un certain… Dezsö Gyarmati.

Dezsö Gyarmati au côté de la Canadiène Irene Strong lors d'une séance d'entraînement lors des Jeux Olympiques d'Helsinki, en 1952

LeBron James au duel avec Pau Gasol en finale du tournoi de basketball aux Jeux Olympiques de Londres, en 2012

LEBRON JAMES

Disgrâce, rédemption et postérité

2 médailles d'or

1 médaille de bronze

Qu'a bien pu réaliser d'aussi exceptionnel le basketteur américain LeBron James pour figurer dans ces pages lorsque l'on sait que les États-Unis ont remporté 16 des 20 tournois olympiques de basket disputés depuis 1936? À priori, l'anomalie, c'est quand une autre nation remporte le tournoi. Eh bien c'est simple, en quarts de finale contre l'Australie, l'ailier du Heat de Miami à l'époque est parvenu à faire ce qu'aucun de ses prédécesseurs sous le maillot de la team USA n'avait jamais réalisé, pas même l'immense et iconique Michael Jordan, à savoir un triple double. Traduction pour les profanes: avec 11 points, 14 rebonds et 12 passes décisives, il a atteint au moins dix unités dans trois catégories statistiques différentes lors d'une même rencontre. Si pareille performance est chose courante en NBA, elle n'a été réalisée aux JO auparavant que par un seul joueur, le Soviétique Aleksandr Belov (23-14-10). Des statistiques d'autant plus remarquables qu'aux Jeux, les matchs durent moins longtemps que dans la Ligue nord-américaine. Pourtant, l'histoire entre les Jeux et LeBron James n'avait pas démarré idéalement, lui qui faisait partie de l'équipe n'ayant rapporté "que" le bronze des Jeux Olympiques d'Athènes en 2004, ce qui fut vécu comme un affront par le grand public outre-Atlantique. Fort heureusement, il a l'occasion de se racheter quatre ans après.

Membre de la fameuse « Redeem Team » championne olympique à Pékin en 2008, redorant ainsi le blason de la sélection américaine après la bérézina d'Athènes en 2004, LeBron James débarque à Londres auréolé du titre NBA 2011-2012, ainsi que de ceux de MVP des finales et de la saison régulière. S'il l'emporte à Londres, il deviendra le deuxième joueur de l'histoire après Michael Jordan en 1992 à Barcelone à remporter tous ces titres la même année. Et il ne va pas se faire prier pour inscrire à nouveau son nom dans l'histoire de son sport. Décisif en finale, match au cours duquel il inscrit 19 points, effectue 4 passes décisives et 9 rebonds, il guide les siens vers un nouveau sacre que l'Espagne de Pau Gasol n'aura pas su empêcher malgré une opposition coriace.

MICHAEL JOHNSON

L'homme machine

4 **médailles d'or (200m, 400m et 4x400m)**

Quelques jours avant les Jeux Olympiques d'Atlanta en 1996, l'Américain Michael Johnson, 27 ans, en quête du premier doublé olympique 200m / 400m, annonce clairement la couleur: «*Il y a deux noms dans l'histoire de l'athlétisme: Jesse Owens et Carl Lewis. Je suis en position de devenir le troisième. Ce sera le plus grand spectacle des JO. Je vais être l'homme de ces Jeux Olympiques.*» Double champion du monde en titre sur ces deux distances pourtant jugées incompatibles, la «Loco de Waco» – un surnom hérité de sa foulée courte et saccadée et de son buste invariablement immobile et droit en pleine action – a une revanche à prendre avec les Jeux Olympiques. Le Texan a manqué Séoul 1988, amoindri par une fracture du péroné lors des sélections américaines. Grand favori du 200m quatre ans plus tard, Michael Johnson est victime d'une intoxication alimentaire qui le terrasse quelques jours avant la cérémonie d'ouverture. Éliminé en demi-finale, il se contente de l'or sur 4 x 400m. Obnubilé par le sprint et l'entraînement, maladivement *control freak* et masquant toujours ses émotions, l'homme-robot fait pour une fois le show en cavalant chaussé d'une paire de pointes dorées sur le tartan du Stade olympique du centenaire d'Atlanta. Le 27 juillet 1996, il remporte le 200m devant l'éternel deuxième namibien Frankie Fredericks (quatre médailles d'argent en deux olympiades) et s'offre un record du monde (19"32), battu par Usain Bolt en 2008. Deux jours plus tard, vainqueur du 400m, «MJ» s'offre cet inédit doublé. Dans les médias, il est «l'homme le plus rapide du monde», un titre honorifique d'ordinaire dévolu au vainqueur du 100m. Quatre ans plus tard, à Sydney, Michael Johnson se concentre sur le 400m et conserve sa couronne. Également titré avec le relais 4 x 400m, il rend sa cinquième médaille au CIO quatorze ans plus tard, suite aux soupçons de dopage planant sur l'un de ses coéquipiers. «*Je sais que la médaille n'a pas été gagnée honnêtement, qu'elle est sale,* déclare-t-il avant même les conclusions de l'enquête. *Je vais l'enlever de l'emplacement où j'ai toujours gardé toutes mes médailles car elle n'a rien à y faire. Et elle ne m'appartient pas.*»

Michael Johnson dans son style si caractéristique lors des séries du 200m aux Jeux Olympiques de Barcelone, en 1992

1

La Dream Tem sur la plus haute marche du podium aux Jeux Olympiques de Barcelone, en 1992

MICHAEL JORDAN ET LA DREAM TEAM

Le basket champagne

Trois ans après la chute du Mur de Berlin qui symbolise la fin du monde bipolaire, les Jeux Olympiques de Barcelone 1992 sont les premiers d'une nouvelle ère sur le plan géopolitique. La fin des boycotts, l'émergence de pays issus du démantèlement de l'ex-URSS, mais aussi le retour de l'Afrique du Sud (fin de l'apartheid) et de l'Allemagne (réunifiée) bouleverse le concert des nations et la hiérarchie sportive internationale. Cette olympiade est aussi l'avènement définitif du « sport business » : le montant des droits télé explose et les sportifs professionnels sont autorisés à participer. C'est ainsi que pour la première fois, les stars du basket américain évoluant en NBA vont être réunies dans une même équipe, la Dream Team, emmenée par un athlète hors-norme qui révolutionne alors autant le jeu que l'industrie et même la culture du sport : Michael Jordan.
Déjà médaillé d'or aux Jeux de Los Angeles 1984, à une époque où seuls les étudiants étaient sélectionnables et que « MJ » portait les couleurs de l'université de Caroline du nord, l'arrière des Chicago Bulls est cette fois entouré de son lieutenant Scottie Pippen et de ses habituels rivaux Magic Johnson, Larry Bird, Patrick Ewing ou Charles Barkley. Sur le parquet du Pavillon olympique de Badalone, il n'y aura jamais match. Les États-Unis en démonstration remportent chaque rencontre avec 44 points d'écart en moyenne, inscrivant plus de 117 points par matchs. En finale, la Croatie du futur joueur des Bulls Toni Kukoc, déjà largement battue en phase de poules (103-70), limitera (un peu) la casse (117-85).
En dehors des rencontres, chaque déplacement, chaque apparition en public ou chaque entraînement de cette galaxie d'étoiles déclenche l'hystérie des foules et l'excitation de leurs propres adversaires, qui posent avec leurs idoles pour la photo, à l'échauffement. Superbe vitrine de la NBA ainsi exposée aux Jeux, la Dream Team fait basculer le basket-ball dans une autre dimension. Après 1992, toute une génération se lèvera au milieu de la nuit pour regarder les matchs, imitera leurs gestes sur les playgrounds, collectionnera leurs cartes, écoutera leur musique et portera leurs chaussures. Le *sportainment* est né.

16
médailles d'or

Jackie Joyner-Kersee lors du 200m de l'Heptathlon aux Jeux Olympiques de Seoul, en 1988

JACKIE

JOYNER-KERSEE

L'athlète la plus complète de tous les temps

3 médailles d'or (heptathlon et saut en longueur)

1 médaille d'argent (heptathlon)

2 médailles de bronze (saut en longueur)

Quelque peu éclipsée par les performances de ses compatriotes Carl Lewis et Florence Griffith-Joyner à l'occasion des Jeux Olympiques de Séoul, celle de Jackie Joyner-Kersee durant cette même olympiade n'en reste pas moins inédite et a fait date dans les annales de l'athlétisme. Cette année-là, sur la piste du stade olympique de Séoul, la championne américaine remporte en effet l'or en établissant un record dont elle est toujours l'actuelle détentrice avec 7 291 points. Des épreuves combinées qu'elle survole et au cours desquelles elle réalise un quasi-sans-fautes, terminant première dans quatre des sept épreuves. Au terme du concours, l'athlète, qui a récemment épousé son entraineur Bob Kersee, distance de plus de 400 points sa dauphine; qui devance elle-même la médaillée de bronze de... 39 points! C'est dire le gouffre qui sépare la gamine de l'Illinois de ses concurrentes. Moins d'une semaine plus tard, l'heptathlonienne est au départ du concours de saut en longueur pour affronter les puristes de la discipline. Et la longiligne Joyner, également excellente joueuse de basket, va dégouter ses adversaires avec un bond à 7,40m à son 5e essai qui lui assure une deuxième médaille au cours de ces Jeux coréens.

Quatre ans plus tard, à Barcelone, Joyner-Kersee tente de défendre son titre dans les deux disciplines. Si elle emporte à nouveau l'or à l'heptathlon, le concours de saut en longueur contrarie sa quête de double doublé. Battue pour sept petits centimètres par l'Allemande Heike Dreschler (7,14m) et l'Ukrainienne Inissa Kravets (7,12m), elle doit se contenter du bronze. Après avoir entamé son aventure olympique à Los Angeles en 1984, la double championne boucle la boucle à Atlanta en 1996 pour sa quatrième olympiade. A 34 ans, Jackie, ainsi prénommée en référence à Jackie Kennedy, ne s'est inscrite que sur la longueur. En sixième place de son ultime concours olympique avant son dernier saut, Jackie Joyner puise dans ses dernières ressources pour s'offrir un dernier saut magique. Devant les 80 000 spectateurs du Stade olympique du Centenaire, elle s'envole pour bondir à 7,00m, un saut qui la propulse immédiatement sur le podium, s'offrant ainsi une sortie honorable et pleine d'émotion.

DUKE PAOA KAHANAMOKU

La vie aquatique

Il faisait tranquillement la sieste derrière les tribunes… Le 1er septembre 1920, à Anvers, panique à bord de l'équipe de natation américaine ! À quelques minutes du départ du relais 4 x 200m, sa star hawaïenne Duke Kahanamoku est introuvable. Quelques heures plus tôt, après avoir célébré sa deuxième victoire olympique sur 100m après celle de Stockholm en 1912, « The Duke » est parti se reposer à l'écart de la foule, visiblement peu stressé par la revanche à venir face aux Australiens vainqueurs il y a huit ans. Ses coéquipiers auraient pu s'en douter : quatre ans plus tôt en Suède, Kahanamoku s'était également assoupi en attendant la finale du 100m… En Belgique, sorti encore une fois in extremis de son roupillon, le champion plonge en dernier relayeur et scelle la victoire américaine avec 21 secondes d'avance et un record du monde en bout de ligne. Il complète son palmarès d'une médaille d'argent à Paris, en 1924, battu par son compatriote et star en devenir Johnny Weissmüller.

Si Duke Paoa Kahanamoku se montre toujours aussi détendu, c'est d'abord parce qu'il est sûr de sa force et de son talent inné, mais aussi parce que la natation est avant tout fondamentalement un plaisir, une passion, un style de vie. Né dans l'archipel du Pacifique huit ans avant que celui-ci ne devienne un territoire américain, Kahanamoku apprend à marcher et nager en même temps. Très à l'aise dans l'eau, il l'est aussi… dessus, plus précisément sur une planche glissant sur les vagues, pratiquant ce surf que personne ne connaît ailleurs que sur son île. Ses performances en crawl, une technique qu'il améliore après avoir observé des Australiens de passage sur son île, sont pour la première fois remarquées en août 1911. Dans le port d'Honolulu, le « waterman » bat des records du monde – 50 et 100 yards – non homologués par les instances, qui doutent des conditions dans lesquelles ils ont été réalisés – et a tout bonnement du mal à y croire… Convié à rejoindre l'équipe des États-Unis, Duke se qualifie pour les Jeux Olympiques de Stockholm en 1912. On connaît la suite… Son aura de vedette mondiale lui permet de populariser le surf, de Los Angeles à Sydney, où des statues à son effigie sont érigées sur les rivages des plus célèbres spots au monde.

3 médailles d'or

(100m et 4 x 200m)

2 médailles d'argent

(100m et 4 x 200m)

Duke Paoa Kahanamoku au départ du 100m nage libre aux Jeux Olympiques d'Anvers, en 1920

NIKOLA KARABATIC

« Gold is mine »

3 médailles d'or

1 médaille d'argent

S'il est toujours délicat, dans le cadre d'un sport collectif, de sortir un joueur du lot pour vanter ses mérites ou faire l'éloge de sa carrière, dans le cas de Nikola Karabatic, difficile cependant de ne pas s'arrêter un instant sur la carrière de ce fils de gardien de hand international yougoslave : quatre finales olympiques pour autant de participations entre 2008 et 2021, quadruple champion du monde (2009, 2011, 2015, 2017) et triple champion d'Europe (2006, 2010, 2014) avec son pays. Rien que ça – sans parler des titres en clubs ! Et des états de service qui, en cas de victoire de l'équipe de France à Paris cet été, en ferait tout simplement le handballeur le plus titré de tous les temps aux Jeux Olympiques devant le Soviétique Andreï Lavrov et ses compatriotes Luc Abalo et Michael Guigou, tous triple médaillés d'or. Des Jeux en France, ultime rendez-vous avec une postérité unique qui, quel qu'en soit l'issue, marquera la fin de la carrière de cet immense champion, élu meilleur joueur du monde à trois reprises (2007, 2014 et 2016) dont la longévité n'a d'égale que sa précocité.

Au terme des Jeux de Londres, en 2012, le demi-centre de l'équipe de France, débarqué en Bleus un soir d'octobre 2002 à l'âge de 18 ans, est désormais double champion olympique et a tout gagné à 28 ans ! Car en 2008, à Pékin, le jeune homme faisait déjà partie des plans du successeur de Daniel Costantini, Claude Onesta. S'il n'a certes pas encore l'impact sur le jeu des Bleus qu'il aura par la suite, ne figurant par exemple pas dans l'équipe-type du tournoi olympique 2008, Karabatic réalise toutefois une finale remarquée face à des Islandais menés de cinq buts à la pause et qui ne parvinrent jamais à faire vaciller les Bleus. Solide en défense, « Kara' » est le meilleur marqueur de la finale, s'offrant huit réalisations pour neuf tentatives.

Quatre ans plus tard, dans une finale fermée face à des Suédois qui ont survolé le tournoi, il est moins en vue mais son apport défensif reste important et il contribue à faire entrer la France dans les annales du hand en devenant la première nation à conserver son titre olympique. Remis en jeu quatre ans plus tard à Rio, ce titre est ravi à Karabatic et sa troupe par le Danemark. Après s'être contenté de l'argent, ils échangent ce même métal à Tokyo cinq ans plus tard, pour reprendre aux mains des Scandinaves ce qui semble être devenu la propriété de Nikola Karabatic : le titre de champion olympique de handball.

Nikola Karabatic en finale du tournoi de handball masculin aux Jeux Olympiques de Londres, en 2012

SAWAO

KATŌ

L'icône d'une génération dorée

Gymnaste le plus titré chez les hommes aux Jeux Olympiques, le Japonais Sawao Katō est entré dans le club très sélect des athlètes les plus médaillés de toute l'histoire des Jeux modernes après trois olympiades disputées entre 1968 et 1976. Et des trois, au cours desquelles il a amassé un total de douze médailles, dont huit en or, la campagne de 1972 est la plus aboutie, avec trois médailles d'or et deux d'argent. Athlète rigoureux, travailleur, mais aussi talentueux et doté d'une belle technique, Sawao Katō ne semble pourtant pas au départ présenter de prédispositions particulières pour le sport. Enfant, le petit Sawao paraît même plutôt porter par l'ambiance studieuse des bibliothèques et des salles de classe que celle plus agitée des compétitions sportives et de l'exaltation qui les accompagne. S'il s'essaie bien à quelques sports, c'est finalement la gymnastique qui retient son attention lors d'une initiation dans le cadre scolaire.

Appliquant à sa discipline la rigueur et l'investissement qu'il met à l'école, et par la suite dans ses études, Katō s'avère rapidement être un gymnaste prometteur. Un talent qui le conduira naturellement à être la figure de proue d'une génération dorée dont la suprématie des années 1960 et 1970 ne sera contestée que par l'Union soviétique. Point d'orgue d'une carrière brillante pour Katō, Munich 1972 est également un véritable récital pour l'école japonaise de gym : cette année-là, à l'issue du concours général individuel, sous les drapeaux nippons dressés dans l'Olympiahalle du Parc olympique de Munich, Katō est accompagné sur le podium par ses compatriotes Eizo Kenmotsu et Akinori Nakayama, offrant au Japon un triplé qu'aucune nation n'a réalisé depuis 1900, tous sports confondus. Une performance que l'équipe japonaise masculine de gymnastique reproduit deux fois dans la foulée, imposant à son grand rival soviétique une domination écrasante. Après un dernier exercice olympique à Montréal où il conserve ses titres aux barres parallèles et au concours par équipe, ce fils d'ingénieur ferroviaire met un terme à sa carrière sportive. Il deviendra par la suite juge en compétition et enseignera à l'université.

Sawao Katō réalisant une figure aux barres parallèles lors des Jeux Olympiques de Munich, en 1972

8 médailles d'or
(Concours par équipes, général individuel, sol et barres parallèles)

3 médailles d'argent
(Individuel, cheval d'arçons et barre fixe)

1 médaille de bronze
(Anneaux)

Eliud Kipchoge franchissant la ligne d'arrivée lors des Jeux Olympiques de Tokyo, en 2020.

ELIUD KIPCHOGE

Marathon Man

2 médailles d'or (marathon)

1 médaille d'argent (5 000m)

1 médaille de bronze (5 000m)

Déjà auréolé de très honorables accessits aux Jeux Olympiques d'Athènes 2004 (troisième sur 5 000m) et de Pékin 2008 (médaille d'argent sur la même distance dont il fut champion du monde en 2003), le Kenyan Eliud Kipchoge révèle son incroyable talent en passant du stade à la route en 2012, en l'occurrence le marathon. À l'époque, l'épreuve reine de la course à pied est en ébullition: les jeunes coureurs n'attendent plus d'avoir 30 ans pour « monter » sur la distance et une bonne dizaine de coureurs peut s'adjuger n'importe quelle course, des JO aux mondiaux en passant par les marathons de prestige comme Boston, Berlin ou Londres. Le record du monde, qui tombe trois fois en quatre ans entre 2011 et 2014 et s'approche de la barre mythique des 2 heures, peut être battu à tout moment. Rien ne laisse donc présager qu'un homme, aussi fort soit-il, va à ce point dominer la discipline pendant la décennie suivante.

Vainqueurs de six marathons entre 2013 et le printemps 2016, dont les très relevés Londres (deux fois), Berlin ou Chicago, Eliud Kipchoge pose à 32 ans la première pierre de son édifice et confirme son statut de favori le 21 août 2016, à Rio, en remportant son premier marathon olympique. Adepte d'un mantra qui lui colle désormais aux runnings (« *aucun être humain n'a de limites* ») et d'une préparation physique privilégiant la qualité et l'intensité de ses séances d'entraînement plutôt qu'au volume kilométrique, le Kenyan né dans le comté de Nandi écrase la concurrence les années suivantes, améliorant le record du monde détenu par Dennis Kimetto d'une minute et 18 secondes, la plus grande marge depuis 1967, et devenant par la même occasion le premier homme à descendre sous les 2h2min (2h1min39s). Un an plus tard, il passe sous les deux heures dans des conditions de course non homologuées, prouvant tout de même au passage que l'exploit est humainement possible. Il conserve sans difficulté son titre olympique aux Jeux de Tokyo, en 2021, devenant le troisième coureur à réaliser le doublé après Abebe Bikila (1960 et 1964) et Waldemar Cierpinski (1976 et 1980). Il visera un triplé historique à Paris 2024.

LARISSA LATYNINA

La plus grande

Larissa Latynina lors du concours individuel aux Jeux Olympiques de Melbourne, en 1956

Le 31 juillet 2012, à Londres, le nageur américain Michael Phelps remporte ses 18e et 19e médailles olympiques et efface des tablettes le record de médailles aux JO détenu par la gymnaste russe Larissa Latynina depuis… quarante-huit ans! Micros et caméras se tournent alors inévitablement vers l'ex-championne aux dix-huit médailles (neuf d'or, cinq d'argent et quatre de bronze) accumulées entre les JO de 1956 et de 1964. Alors âgée de 77 ans, Larissa Latynina réagit non sans humour: «*Il était temps, pour un homme, de pouvoir enfin réussir ce qu'une femme avait accompli il y a bien longtemps déjà.*» La barre était tout de même très haute!

Née à Kherson (Ukraine) en 1934, Larissa se destine à une belle carrière de danseuse de ballet quand son chorégraphe déménage et abandonne la troupe. Elle s'oriente alors vers la gymnastique, qu'elle pratique à haute dose à partir de 1953 en même temps qu'elle poursuit ses études à l'Institut polytechnique Lénine de Kiev. Championne du monde par équipe en 1954, Larissa Latynina survole les Jeux Olympiques de Melbourne, remportant quatre médailles d'or (plus une d'argent et de bronze), notamment dans les deux plus prestigieuses épreuves (concours général individuel et par équipes), devant la Hongrie. Comme souvent aux Jeux, l'histoire géopolitique rejoint ici la sportive. Depuis plusieurs semaines, la Hongrie est en pleine révolution et se rebelle contre l'occupant… russe. La répression est extrême et cause des centaines de morts, dont celle de la mère d'Agnes Keleti, dauphine de Latynina, quelques jours plus tôt. Sur le podium, la jeune hongroise se tournera pourtant vers la Russe pour lui serrer la main en souriant. Une image gravée dans les annales de l'olympisme. De nouveau championne olympique à Rome en 1960 (trois fois, plus deux d'argent et une de bronze) puis à Tokyo en 1964 (deux fois, plus deux d'argent et deux de bronze), la reine de Melbourne attend toujours qu'une femme parvienne à la détrôner…

9 médailles d'or

(concours par équipes, individuel, saut de cheval et sol)

5 médailles d'argent

(concours par équipes, saut de cheval, barres asymétriques et poutre)

4 médailles de bronze

(appareil par équipes, saut de cheval, barres asymétriques et poutre)

RENAUD LAVILLENIE

Londres, l'apogée d'une carrière

1 médaille d'or

1 médaille d'argent

Si à l'été 2007, à l'occasion des championnats d'Europe Espoirs à Debrecen, auxquels participe le jeune Renaud Lavillenie, 21 ans, un observateur avisé du saut à la perche avait annoncé que 5 ans plus tard à Londres le Français serait champion olympique de la discipline, succédant à Jean Galfione et apportant son 1er titre à l'athlétisme français depuis 1996, nul doute qu'il eut été la risée des bookmakers et des commentateurs au regard de la performance du jeune homme ce jour-là. Certes, il améliora son record en portant celui-ci à 5m30 et sa 10e place fut tout à fait honorable, mais il était loin de jouer les premiers rôles et rien ne laissait imaginer la trajectoire qu'il allait ensuite être la sienne.

Renaud Lavillenie après son saut à 5,97m aux Jeux Olympiques de Londres, en 2012

Pourtant, c'est précisément cette année-là que le natif de Charente sort de sa chrysalide pour entamer une irrésistible ascension qui va le porter sur le toit du monde. Parvenant à finir l'année 2007 avec un record personnel à 5m45, il va franchir la barre symbolique des six mètres seulement deux ans après. Une progression fulgurante qui le voit débarquer aux Jeux Olympiques de Londres en 2012 auréolé du prestige de meilleur perchiste continental après son titre conquis à Barcelone deux ans plus tôt aux Championnats d'Europe. Gonflé à bloc, plein de confiance, il prend donc part au concours olympique à l'été 2012 dans la peau d'un outsider à prendre au sérieux. Et au terme d'un concours disputé, le perchiste tricolore, puisant au bout de ses ressources pour s'offrir l'or bat au passage le record olympique. L'aboutissement de longues années de travail, de la salle d'athlé de son club de Clermont-Ferrand jusqu'au sautoir installé dans le jardin de son domicile, traversées par le doute et les échecs, les déceptions et les rebonds, puis les premiers titres, les honneurs et les consécrations et enfin les plus hauts sommets. L'apogée d'une carrière que le gamin de Barbezieux-Saint-Hilaire a atteint à force de travail, d'abnégation, de rigueur et de détermination, poussé par un papa perchiste amateur qui aura pu vivre à travers son fils un véritable rêve par procuration. Un rêve que père et fils auraient aimé prolonger à Rio en 2016, mais où le Français dû se contenter d'une médaille d'argent, cédant son titre et son record pour cinq centimètres au Brésilien Thiago Braz da Silva.

Katie Ledecky lors du 200m nage libre
lors des Jeux Olympiques de Tokyo, en 2021

KATIE LEDECKY

La GOAT des bassins

S'il est des athlètes pour qui la quête d'un titre olympique survient sur le tard, signant l'aboutissement d'une carrière guidée par la recherche de cette consécration sans pareille, pour Katie Ledecky, il en est tout autrement : en effet, dès ses premiers Jeux à Londres, en 2012, elle décroche une première médaille d'or sur le 800m nage libre à la surprise générale. Parfaite inconnue, elle surprend tout le monde et réalise un exploit tout à fait extraordinaire puisque la nageuse américaine s'empare avec une facilité déconcertante du titre olympique à seulement 15 ans ! Elle remporte la finale avec quatre secondes d'avance sur sa dauphine, battant également le record américain sur la distance établi en 1989, soit 12 ans avant la naissance de la jeune femme, venue au monde en 1997. Une précocité hors-du-commun qui ne va pour autant pas lui brûler les ailes. Bien au contraire. Car quatre ans plus tard à Rio, elle va confirmer les espoirs suscités par sa performance en terres britanniques. Et de quelle manière : titrée sur 200m, 400m et 800m nage libre, elle décroche également l'or au relais 4x200m et l'argent au 4x100m, s'offrant même deux records du monde sur 200 et 400m nage libre. Elle repart ainsi de Rio avec 5 médailles, faisant d'elle la deuxième athlète la plus en vue de ces Jeux, derrière un certain Michael Phelps, dont la native de Washington D.C. semble être la digne héritière.

Car à seulement 26 ans, et avant d'aborder ses quatrième Jeux, la jeune femme est d'ores et déjà la nageuse la plus médaillée de l'histoire des Jeux Olympiques (10 médailles) et pourrait bien s'approcher du record de son compatriote Michael Phelps et ses 28 médailles olympiques, dont 23 en or. Et si au même âge, son homologue masculin comptabilisait déjà 23 médailles olympiques, il n'est pas impensable de voir la jeune femme venir tutoyer le palmarès incroyable du plus grand nageur de l'histoire.

7 médailles d'or
(200m, 400m, 800m, 1 500m et 4x200m nage libre)

3 médailles d'argent
(400m, 4x100m et 4x200m nage libre)

Suzanne Lenglen aux Jeux Olympiques d'Anvers, en 1920

SUZANNE LENGLEN

« La Divine »

Si ce nom résonne si familièrement aux oreilles du grand public, c'est évidemment parce qu'il est celui du deuxième plus grand court de tennis du stade Roland-Garros. Mais combien de (télé)spectateurs savent que Suzanne Lenglen fut surtout la toute première star mondiale du tennis féminin, double vainqueur du prestigieux tournoi parisien, mais surtout de six Wimbledon et de deux titres olympiques (et une médaille de bronze) décrochés aux Jeux olympiques d'Anvers, en 1920 ?

Née en 1899 à Paris dans une famille de rentier du 16e arrondissement, Suzanne grandit en Picardie, où elle tape ses premières balles, à 11 ans, sur le court en terre battue de la propriété de ses parents. Son père devient son coach, entraînant sa fille à la rude en mixant exercices de précision et préparation physique mêlant gymnastique et danse classique. C'est sans doute de là que vient l'extraordinaire endurance doublée d'une élégante agilité dont fait très tôt preuve la jeune prodige. Championne du monde en janvier 1914, à seulement 15 ans, elle déménage à Nice à l'arrivée des Allemands. Dans le Sud, ses adversaires masculins ne ménagent pas celle qui remporte son premier titre sur le gazon londonien en 1919, un an avant d'étaler sa classe et sa suprématie en Belgique, n'offrant que quatre jeux en cinq matchs à ses adversaires du tableau féminin. En double dames, elle s'incline en demi-finale face à un duo de joueuses britanniques dont la tactique consiste à… ne jamais, ou presque, jouer sur elle ! Elle se console avec le bronze, avant de regoûter à l'or en double mixte aux côtés de Max Decugis, spécialiste du tennis joué à deux (médaillé d'argent en 1900 puis de bronze en 1920). Atteinte d'une jaunisse en 1924, elle déclare forfait pour les JO de Paris, la privant de médailles d'or quasi assurées en simple et double mixte, avec Henri Cochet, futur Mousquetaire aux six Coupe Davis entre 1927 et 1932. Elle raccroche la raquette en 1928 après une tournée de matchs rémunérée 50 000 dollars, un statut de professionnelle qui l'exclut automatiquement des tournois majeurs. Tour à tour créatrice de mode et actrice dans les années 1930, elle décède d'une leucémie en 1938.

1 médaille d'or (simple dames et double mixte)

1 médaille de bronze (double dames)

CARL LEWIS

Un grand bond pour l'homme

9 médailles d'or (saut en longueur, 100m, 200m, 4x100m)

1 médaille d'argent (200m)

Sprinteur le plus récompensé de l'histoire des Jeux Olympiques et cinquième sportif au classement général individuel des médailles avec dix distinctions dont neuf en or décrochées au cours de quatre olympiades, Carl Lewis incarne à lui seul une certaine Amérique triomphante des années 1980. Plus qu'un sportif mondialement connu, l'enfant de Birmingham (Alabama), à l'instar d'un Michael Jordan ou d'une Madonna, est devenu en une décennie à peine une véritable icône de la pop-culture mondialisée, symbole d'une Amérique dont l'hégémonie culturelle entame sa montée au pinacle. Si elle s'achève en cet été 1996 à Atlanta, la carrière du plus grand sportif du XXe siècle – il est ainsi désigné par le CIO en 1999 – est intimement liée aux Jeux Olympiques, qui seront le théâtre d'exploits retentissants. Et des quatre éditions auxquelles il a pris part, la campagne de 1984 à Los Angeles est la plus marquante. Du moins celle qui va permettre à ce fils d'enseignants de se faire un nom dans son propre pays, où l'athlétisme n'est pas encore une discipline « respectée ». Une compétition que le jeune Lewis, alors âgé de 23 ans, aborde avec pour objectif une ambition que certains prennent pour de l'arrogance : égaler le plus grand athlète qu'ait connu l'athlétisme américain, Jesse Owens - que Carl Lewis a rencontré gamin. Pari réussi puisqu'il remporte successivement le 100m, le saut en longueur, le 200m puis le 4x100m, faisant de lui LA grande star de ces Jeux en Californie. Quatre ans plus tard à Séoul, il dépasse son idole en devenant le premier sprinteur à conserver son titre sur 100m et le premier a réalisé le double-double puisqu'il est également sacré dans sa discipline phare : le saut en longueur. Une couronne olympique qu'il garde à nouveau pour 4 ans à Barcelone en 1992, arrivant ainsi à Atlanta avec une opportunité unique de rentrer encore un peu plus au Panthéon des Jeux : en remportant l'or à la longueur, Lewis deviendrait le deuxième athlète à remporter quatre fois l'or consécutivement dans une même discipline, après son compatriote lanceur de disque Al Oerter. Un exploit qu'il réalise grâce à un bond à 8m50 qui le propulse au rang des légendes de l'olympisme.

Carl Lewis aux Jeux Olympiques de Barcelone en 1992 lors du concours du saut en longueur

1 médaille d'or

ERIC LIDDELL

Divine surprise

Sprinter spécialiste du 100m, c'est pourtant sur le 400m, alors considéré comme du demi-fond, que le Britannique Eric Liddell, 22 ans, va s'illustrer lors des Jeux Olympiques de Paris 1924. Un choix sportif guidé par des convictions religieuses avec lesquelles ce fils de missionnaires né en Chine ne transige pas: à la publication du calendrier des Jeux, il découvre que les séries du 100m ont lieu un dimanche. Liddell, en chrétien puritain, choisit alors de ne pas participer à la compétition: hors de question pour lui de courir le jour du seigneur! Décidé toutefois à se rendre à Paris en vue d'y assouvir ses rêves de médailles, il s'aligne alors sur le 400m, dont les épreuves se déroulent un jeudi et que Liddell va remporter au bout d'un effort inédit, le 11 juillet 1924, sur la piste en sable du Stade olympique de Colombes. Comble de l'exploit, Liddell l'emporte au couloir extérieur! Parti comme une flèche, il vire en tête à mi-parcours. Porté par des jambes de feu, Liddell parvient à maintenir son avance pour franchir la ligne avec moins d'une seconde d'avance sur son dauphin, l'Américain Horatio Fitch.

Quelques mois plus tard, il délaisse gloire olympique et fulgurances sportives puis quitte le Vieux-Continent. L'Écossais, également joueur de rugby international ayant porté à sept reprises le maillot du XV du Chardon, part alors vivre en Chine, où, imitant ses parents avant lui, il devient missionnaire dans un collège privé anglo-chinois. Il y consacrera toute sa vie, avant de finir celle-ci dans un camp de prisonniers, au Japon. Atteint d'une tumeur au cerveau, il décède en 1945. Son épopée olympique, et celle de son compatriote Harold Abrahams, passe à la postérité au cinéma dans *Les chariots de feu*, en 1981, auréolé de quatre Oscars, dont celui du meilleur film, un an plus tard.

Eric Liddell en tête
dans le dernier virage,
lors de la finale
du 400m à Paris, en 1924

Jeannie Longo
lors de sa victoire
aux Jeux Olympiques
d'Atlanta, en 1996

1 médaille d'or (course sur route)

1 médaille de bronze (contre la montre)

2 médailles d'argent (contre la montre et course sur route)

JEANNIE LONGO

Immense championne

Rarement sportive aura autant dominé sa discipline comme l'a fait la cycliste française Jeannie Longo au cours de sa très longue carrière. Pourtant, malgré un palmarès unique en France et une domination écrasante sur son sport, la native d'Annecy aux 60 titres nationaux et aux 13 titres mondiaux a une histoire contrariée avec les Jeux Olympiques. En effet, malgré sept participations (de 1984 à 2008), elle a bien failli ne jamais monter sur la plus haute marche olympique et son bilan comptable n'affiche «que» quatre distinctions, dont une seule faite du plus précieux métal. Cette quête du Graal sportif, Longo la démarre en 1984 à Los Angeles, où les femmes sont invitées à rouler aux JO pour la première fois. La championne française a alors 26 ans et compte déjà quelques titres à son actif, notamment un de vice-championne du monde obtenu 3 ans auparavant. Favorite de l'épreuve, et forte de quelques certitudes, elle sera pourtant contrainte de renoncer. Échappée en compagnie de 5 autres coureuses, Longo voit ses rêves partir en fumée après un accrochage avec l'italienne Canins à moins d'un kilomètre de l'arrivée. Son dérailleur endommagé, elle ne peut disputer le sprint final et termine 6e. La première d'une série de désillusions qui se poursuit quatre ans plus tard à Séoul: diminuée par une blessure, Longo ne peut défendre ses chances en pleine possession de ses moyens et termine à une 21e place qui ne reflète en rien son immense talent. Une nouvelle déception qu'elle espère effacer à Barcelone en 1992. Mais là encore, le sort s'acharne. Sortie du peloton à quelques centaines de mètres de l'arrivée, Longo pense être enfin sacrée championne olympique... Ce que la française ignore, c'est que devant elle l'Australienne Kathryn Watt a déjà passé la ligne d'arrivée. C'est finalement Atlanta qui consacrera la championne française: après 2h36 d'efforts à 40km/h de moyenne, elle franchit la ligne en solitaire, laissant le peloton à quelques centaines de mètres derrière elle. Un titre qu'elle agrémentera d'une deuxième place au contre-la-montre quelques jours plus tard, manquant de réaliser un doublé historique pour 20 secondes de retard sur la Russe Zulfiya Zaburova.

GREG

LOUGANIS

Un homme de son temps

Greg Louganis s'apprêtant à plonger lors des Jeux Olympiques de Los Angeles, en 1984

Considéré par les spécialistes de la discipline comme étant probablement le meilleur plongeur de tous les temps, Greg Louganis est plus qu'un sportif de haut niveau au palmarès incroyable. Il est de ces personnages dont l'histoire personnelle raconte un bout des époques qu'ils traversent. De ces icônes qui révèlent les mœurs et les tendances d'une société. Né le 29 janvier 1960, Louganis est un enfant d'origine samoane et suédoise, adopté par une famille grecque immigrée aux États-Unis. Lorsque s'ouvrent les Jeux Olympiques de Los Angeles à l'été 1984, Louganis n'est plus le gamin qu'il était à Montréal en 1976 lors de ses premiers Jeux - desquels il revient tout de même avec l'argent en poche. C'est désormais un sportif de 24 ans, déjà triple champion du monde qui à Los Angeles étoffe son palmarès de deux médailles d'or olympiques. C'est également le titulaire d'un diplôme d'arts dramatiques obtenu à l'Université de Californie. Mais pas seulement. Dans des années 1980 marquées par l'insouciance et la liberté, Louganis vit comme un jeune homme de son temps, qui n'évoquera publiquement son homosexualité qu'en 1994 lors de la cérémonie des Gay Games. Un an plus tard, il révèlera être porteur du virus du Sida depuis 1988, nouvelles qu'il apprit quelques semaines avant de participer aux Jeux de Séoul. Une révélation qui fait alors bondir certains commentateurs outre-Atlantique. Pourquoi ? Parce qu'un épisode survenu lors des Jeux de Séoul est vivement reproché à Louganis : sa blessure à la tête lors du concours au tremplin à 3m. Un traumatisme crânien qui avait fait couler du sang dans le bassin. Un incident qui pesait lourd sur la conscience de Louganis, lui qui s'était senti « *paralysé par la peur* » et craignait d'avoir infecté un autre plongeur ou le médecin qui l'avait soigné. Fort heureusement, rien de tout cela ne s'est produit. Et de Greg Louganis, l'histoire olympique retient avant tout les quatre médailles d'or qui auraient pu être au nombre de six, si les USA n'avaient pas boycotter les Jeux de Moscou. Marqué lui aussi par la Grande histoire, il est toujours un homme de son temps, un soixantenaire militant pour les droits LGBT et les malades du Sida. En témoigne le sort qu'il réserve à ses médailles olympiques : « *Au lieu de les conserver, j'ai l'intention de partager mon morceau d'histoire olympique avec des collectionneurs.* » L'objectif ? Récolter des fonds pour un centre spécialisé pour personnes atteintes du VIH.

4 médailles d'or

1 médaille d'argent

Spyridon Louis après sa victoire au marathon lors des Jeux Olympiques d'Athènes, en 1896

SPYRIDON LOUIS

Un héros très discret

Le 10 avril 1896, Spyridon Louis, berger grec de 23 ans, remporte le premier marathon des Jeux Olympiques modernes, à Athènes. Presque malgré lui. Inscrit aux épreuves de sélection par le colonel Papadiamantopoulos, son supérieur durant son service militaire, le soldat « Spyros » a impressionné par la vitesse à laquelle il avait un jour parcouru une vingtaine de kilomètres pour aller chercher la paire de lunettes que le gradé avait oubliée chez lui. Il est aussi très endurant, galopant depuis son plus jeune âge derrière la chariote de son père, porteur d'eau, entre leur village de Maroussi et Athènes, à 10 kilomètres.

Au départ de la course donné dans un champ de Marathon, treize coureurs grecs et quatre étrangers. Avec le sixième temps des « qualifs » nationales, Spyridon Louis n'est pas le favori d'un pays qui attend avec impatience de décrocher sa première médaille d'or. Le Français Albin Lermusiaux, médaillé de bronze sur 1 500m trois jours plus tôt, caracole en tête puis s'écroule au 32e km, perclus de crampes à l'estomac. Derrière, Spyridon gère son effort. À mi-parcours, près du village de Pikermi, il engloutit les quartiers d'orange que lui tend sa petite amie Heleni, et avale un verre d'eau-de-vie servi par son futur beau-père. Ragaillardi par ce coup de fouet, il s'élance à la poursuite des hommes de tête, qu'il double un à un. Vainqueur en 2 heures 58 minutes et 50 secondes, Spyridon est ovationné par les 50 000 spectateurs du Stade panathénaïque et congratulé sur la ligne d'arrivée par le roi George Ier en personne. « *Demandez tout ce qui vous fera plaisir, je vous l'offre* », lui lance sa majesté. « *Un cheval et une charrette* », répond l'humble champion, qui refusera toute autre offrande. Sitôt la remise des médailles terminée, le héros fuit les honneurs et file célébrer la victoire avec ses amis. De son nom et de ce trait de caractère naîtra l'expression « devenir Louis » signifiant « disparaître à toute vitesse ». Il ne courut plus jamais. Devenu fermier, puis policier, Spyridon Louis est l'invité d'honneur d'Adolf Hitler aux Jeux de Munich, en 1936, à qui il remet un rameau d'olivier d'Olympie en signe de paix. Décédé le 26 mars 1940, il ne verra pas les troupes italiennes envahir la Grèce, sept mois plus tard…

1
médaille d'or

Helene Madison lors du relais 4x100m nage libre, à Los Angeles en 1932

HELENE MADISON

Une étoile filante à Los Angeles

Lorsqu'elle débarque en Californie en juillet 1932, la nageuse américaine Hélène Madison vient de fêter ses 19 ans quelques semaines auparavant - le 9 juin, précisément. Malgré son jeune âge, elle peut aborder sa première olympiade avec confiance et sérénité: en effet, en moins de deux ans sur le circuit senior, la jeune femme a fait tomber... seize records du monde!

En dépit de ce statut, l'Américaine balbutie sa nage lors de sa demi-finale du 100m: si elle termine certes en tête de sa course, elle ne signe que le cinquième temps des demies. Dans l'autre demie, avec le même chrono, elle aurait terminé 4e et aurait été éliminée. Le lendemain, en finale, elle remet tout le monde d'accord en s'offrant l'or avec, en prime, le record olympique!

Quatre jours plus tard, le 12 août 1932, c'est avec ses coéquipières du 4x100m nage libre que la native du Wisconsin va écrire un peu plus sa légende: au Swimming Stadium de Los Angeles, devant 10 000 spectateurs acquis à leur cause, les Américaines triomphent facilement avec neuf secondes d'avance sur leurs dauphines, portant par la même occasion leur record du monde établi aux précédents Jeux de 4'47"6 à 4'38".

Véritable vedette de ces Jeux, la jeune prodige des bassins a l'opportunité de rentrer définitivement dans l'histoire de son sport avec la finale du 400m nage libre. Une course qu'elle démarre tambours battants en avalant les 200 premiers mètres en 2'38". Une allure qui ne lui permet toutefois pas de distancer une autre nageuse locale, Lenore Kight, bien décidée à jouer les trouble-fête. Mais la jeune Helene a de la ressource. Puisant dans ses dernières forces, elle parvient à résister au retour de Kight et s'adjuge finalement le 400m pour un petit dixième d'avance. Un dixième de seconde qui la propulse dans la légende des Jeux. Une légende qui restera en l'état: en effet, après avoir accepté de jouer son propre rôle dans un court-métrage hollywoodien, Madison est désormais considérée comme une professionnelle de son sport. Par conséquent, elle n'est donc plus autorisée à prendre part aux Jeux, alors réservés exclusivement aux amateurs.

3 médailles d'or

(100m, 400m et relais 4x100m nage libre)

LAURE

MANAUDOU

« Laure olympique »

1 médaille d'or (400m nage libre)

1 médaille d'argent (800m nage libre)

1 médaille de bronze (100m dos)

En 2000, l'entraîneur de natation Philippe Lucas repère le talent insolent d'une nageuse de 14 ans, Laure Manaudou. Formidable tchatcheur, le coach aux allures de rocker convint les parents de la jeune fille de lui confier leur fille qui emménage chez lui, à Melun. Il en est sûr : Laure Manaudou sera championne olympique. Aussi dur et exigeant envers elle à l'entraînement que protecteur et bienveillant en dehors, Philippe Lucas transforme « sa » nageuse en machine à gagner. Quintuple championne de France sur les longues distances (400m, 800m, 1500m) et sur dos (50m et 100m) en 2003, elle conserve ses titres (hormis le 1500m) en 2004 et monte progressivement en puissance à l'approche des Jeux Olympiques d'Athènes. Le 15 août, Laure Manaudou, 17 ans, devient la deuxième championne olympique française de natation après Jean Boiteux, à Helsinki, en 1952. Médaillée d'argent sur 800m et de bronze sur 100m dos, la nageuse devient « Laure olympique » et une star nationale, en quelques jours. Une célébrité que l'adolescente de nature discrète vit très mal, mais qui dans un premier temps ne l'empêche pas d'empiler les exploits (championne du monde du 400m en 2005, doublé 200-400 deux ans plus tard). Séparée de Philippe Lucas en 2007, elle rentre bredouille des Jeux Olympiques de Pékin en 2008 et se retire des bassins, à 22 ans. Puis reprend le fil de sa carrière en 2011 et se qualifie sur 50m, 100m et 200m pour les Jeux de Londres. Un exploit en soi. Loin de ses standards de 2004, Laure Manaudou termine très loin en séries mais offre un mémorable « instant émotion » en se ruant au cou de son petit frère Florent, dès sa sortie du bassin, après sa victoire surprise sur le 50m nage libre. Une image qui n'est pas sans rappeler celle du père de Jean Boiteux, qui sauta carrément dans le bassin pour féliciter son fils victorieux. Une manière de boucler la boucle pour celle qui a inspiré les grands succès de la natation française aux JO depuis vingt ans.

Laure Manaudou, médaille d'or autour du cou et couronne d'olivier sur la tête, sur le podium du 400m nage libre aux Jeux Olympiques d'Athènes, en 2004

Lionel Messi, entouré de joueurs du Nigéria, en finale des Jeux Olympiques de Pékin, en 2008

LIONEL MESSI

Sa première étoile

On a tendance à l'oublier tant son palmarès est immense, mais deux ans après sa première Ligue des champions avec Barcelone et bien avant la Copa America (2021) et la Coupe du monde (2022), Lionel Messi a (aussi) remporté l'or olympique, en 2008, à Pékin. Une compétition à laquelle l'Argentin a bien failli ne pas participer. Le Barça refuse en effet de libérer son attaquant en pleine préparation d'avant-saison et de se priver de son meilleur joueur en vue d'un décisif tour préliminaire de Ligue de champions prévu à la même période. Mais la Pulga, archi motivé à l'idée de défendre le titre remporté aux Jeux d'Athènes en 2004 par la sélection argentine, tient tête à ses dirigeants. L'entraîneur catalan Pep Guardiola fait tout son possible pour l'en dissuader. En vain. Il finit par céder, sur un dernier coup de pression: « *Leo, tu veux vraiment aller aux Jeux? Oui? Ok, alors va aux Jeux mais à ton retour, je te veux au top.* » La suite va prouver que le numéro 10 a bien fait d'insister… En Chine, l'Argentine remporte ses trois matchs de poule: 2-1 contre la Côte d'Ivoire (but de Messi), 1-0 face aux rugueux Australiens puis 2-0 contre la Serbie. Propre. En quarts de finale, les Hollandais poussent l'Albiceleste aux prolongations, mais ne peuvent rien face aux deux éclairs de génie de Lionel Messi (un but, une passe décisive). La demi-finale est une finale avant l'heure face au Brésil de Ronaldhino, l'autre favori. L'Argentine corrige son éternel rival (3-0) et file en finale, face au Nigéria. Quelques heures avant la rencontre, le sélectionneur africain Samson Siasia prévient ses joueurs: « *Défendre contre Messi sera notre plus grande tâche.* »

Sous la chaleur étouffante du Nid d'Oiseau, la pépite argentine est muselée. Pas dans un bon jour, il joue alors avec sa tête plutôt qu'avec ses pieds, libérant des espaces pour ses coéquipiers. Un petit but d'Angel Di Maria, sur une passe de… Lionel Messi, tout de même, suffit à l'Argentine pour remporter cette seconde médaille d'or d'affilée. Le Barcelonais est élu meilleur joueur du tournoi et peut tranquillement rentrer en Catalogne. Au meilleur de sa forme.

1 médaille d'or

DEBBIE MEYER

3 médailles d'or (200m, 400m, 800m)

Une grande carrière éclair

Une olympiade, trois victoires en série, trois finales et autant de médailles d'or toutes doublées d'un record olympique et puis s'en va. En 1968, à Mexico, l'Américaine Debbie Meyer, 16 ans, devient la première nageuse à remporter trois titres en individuel (sur 200m, 400m et 800m). Un exploit qui épate mais qui n'étonne guère, tant la pépite, asthmatique, domine déjà ces disciplines depuis quelques mois. Un an plus tôt, l'élève du très rigoureux Sherman Chavoor, réputé pour ses séances d'entraînement à la dure, bat une première fois le record du monde du 800m avant de récidiver la même année aux Jeux panaméricains, où elle établit aussi une nouvelle marque sur 400m. Elle récidive pendant les sélections américaines, sur les trois distances, cette fois. Elle arrive donc dans le maillot de bain de la favorite lors de ces Jeux durant lesquelles elle ne laisse aucune chance à ses adversaires malgré des maux de ventre qu'elle refuse de soigner à coups de médicaments, de peur d'être disqualifiée pour dopage. Elle termine le 400m, son premier succès, avec trois secondes d'avance sur l'Américaine Linda Gustavson. Puis le 800m avec onze secondes d'avance sur sa compatriote Pamela Kruse. Le palpitant 200m est plus serré – une demie seconde avant Jan Henne, elle aussi nageuse des États-Unis. Après son triomphe mexicain, Debbie Meyer reste performante en 1969 (trois nouveaux records mondiaux sur 400m, 800m et 400 mètres quatre nages), puis décide de mettre un terme à sa carrière et… de retourner à l'école. Tout simplement. Elle tente un retour en 1971, bien décidée à conserver ses titres aux Jeux olympiques de Munich. La marche est un peu haute, cette fois. Elle renonce, début 1972. Parce que son mental de championne ne suit plus : « *Il semble bien que je n'aie plus la motivation,* explique-t-elle alors. *Je suis déjà allé aux Jeux et je ne veux plus travailler aussi dur pour y aller de nouveau. Mon esprit me dit de bouger et d'avancer, mais mes bras ne suivent pas.* » Elle devient professeure de natation, intègre le *Olympic hall of fame* en 1986, puis ouvre sa propre école, en 1993.

Debbie Meyer lors des Jeux Olympiques de Mexico, en 1968

ALAIN

MIMOUN

La course dans le sang

Au Panthéon du sport français, chaque discipline possède ses héros populaires. Les footballeurs Michel Platini et Zinedine Zidane, les cyclistes Jacques Anquetil et Bernard Hinault, le tennisman Yannick Noah, le boxeur Marcel Cerdan, le basketteur Tony Parker. En course à pied, un seul homme figure dans cette cour des grands: Alain Mimoun, médaille d'or du marathon (le premier de sa carrière !) des Jeux Olympiques de Melbourne, en 1956. Gravement blessé à la jambe durant la Seconde Guerre mondiale, au point qu'il faillit être amputé, le Français d'origine algérienne règne sans partage sur le fond tricolore entre 1947 et 1956, décrochant huit titres de champion de France sur 5 000 mètres et douze sur 10 000 mètres. Au niveau international, il ne peut rien contre son ami tchécoslovaque Emil Zátopek, qui le devance aux Jeux de Londres de 1948 sur 10 000 mètres, puis encore deux fois à Helsinki, quatre ans plus tard, où « la Locomotive » réalise un triplé historique (5 000 mètres, 10 000 mètres et marathon). Sauf ce fameux 1er décembre 1956. Opéré en secret d'une hernie un mois plus tôt, le Tchèque est diminué. Alain Mimoun, 35 ans, est lui particulièrement affûté, « gonflé à bloc », comme il le dira plus tard, par quelques signes du destin : son dossard 13, la naissance de sa fille la veille de la course (il la prénomme Olympe), la « règle des vingt-huit ans » –après les victoires françaises de 1900 et 1928, cette année 1956 « doit » être la sienne selon cette loi des séries. Vers 17 h 30, il pénètre seul, exsangue, dans le stade olympique du Melbourne Cricket Ground. Emil Zatopek, sixième, arrive quelques minutes plus tard. Il ne sait pas que le Français vient de l'emporter. « *Alors Emil ? Tu ne me félicite pas ?* » Le visage du Tchèque s'illumine. Il retire alors sa casquette, se met au garde à vous et dit : « *Alain, je suis content pour toi.* » Les deux hommes se tombent dans les bras. Ce marathon était leur dernier affrontement et ils ne courront plus jamais l'un contre l'autre. Alain Mimoun, qui sera pour la sixième fois champion de France de marathon à… quarante-cinq ans et courra dans son jardin jusqu'à son dernier souffle, racontera son histoire avec un bagout incroyable jusqu'à sa mort, le 27 juin 2013, à 92 ans.

1 médaille d'or

Alain Mimoun pénétrant dans le stade olympique Melbourne Cricket Ground à la fin de l'épreuve du marathon.

13

3 médailles d'or

1 médaille d'argent

1 médaille de bronze

DANIEL MORELON

Le roi de la piste

Daniel Morelon après sa victoire dans l'épreuve de vitesse à Munich, en 1972

Et si le plus grand cycliste de tous les temps n'était autre que le Français Daniel Morelon ? À parcourir le tableau des médailles des épreuves olympiques masculines de cyclisme, toutes compétitions confondues depuis la fin du XIXe siècle, la question n'est plus si farfelue. Pourquoi ? Pour la simple et bonne raison que Daniel Morelon est le cycliste le plus médaillé de l'histoire des Jeux en individuel. Le fruit d'une carrière qui le conduit de Tokyo en 1964 à Montréal en 1976, en passant par Mexico 1968 et Munich 1972, les deux éditions au cours desquelles Morelon va monopoliser la plus haute marche du podium à la vitesse individuelle. Un doublé historique, qu'aucun pistard n'est parvenu à égaler jusqu'à présent.

Champion olympique et triple champion du monde en titre, le Bressan arrive donc en Bavière avec une étiquette de favori qu'il est bien déterminé à honorer. Pourtant, le parcours vers un second sacre est loin d'être une balade de santé : s'il a certes remporté tous ses duels pour se hisser jusqu'en finale, il a terminé à chaque fois avec le plus mauvais temps des qualifiés. Des chronos qui interrogent les observateurs avant de disputer la finale face à l'Australien John Nicholson dont les références sur ces Jeux apparaissent plus solides.

En position d'outsider, contrairement à Mexico où il avait fait forte impression, le Français va mettre tout le monde d'accord en finale en réalisant ses deux meilleurs temps, concluant même sur une dernière manche courue en 11"25, le meilleur chrono de tous les participants… Une victoire acquise non sans une lutte acharnée, entérinée par les juges à la photo-finish, et qui vient garnir un palmarès olympique comprenant déjà une médaille de bronze glanée à Tokyo et une médaille d'or en tandem avec Pierre Trentin décrochée à Munich. Un palmarès qu'il complètera par une médaille d'argent en 1976 à Montréal et lui permettra de s'installer seul sur le trône du cyclisme olympique et sur lequel il règne depuis bientôt un demi-siècle.

Edwin Moses en tête dans la dernière ligne droite lors du 400m haies aux Jeux Olympiques de Montreal, en 1976

EDWIN MOSES

L'icône des haies

Renvoyé du club de l'université Morehouse College (Atlanta) à cause d'une bagarre, Edwin Moses passe du basket et du foot US à l'athlétisme grâce au révérend Lloyd Jackson, qui l'accueille dans son petit club voisin de la fac. Cela tombe bien, l'étudiant en école d'ingénieur préfère courir seul. Et cela tombe (encore) bien, il est très doué pour ça. Il impressionne particulièrement sur le 400m haies: sa foulée prodigieuse (2,60m) tient parfaitement la cadence entre deux obstacles qu'il franchit comme s'ils n'existaient pas. À six mois des Jeux Olympiques de Montréal 1976, le prodige de 20 ans affole le chrono, gratte près de deux secondes en une poignée de courses et bat le record des États-Unis, qui l'envoie au Canada. Le 25 juillet, en finale du 400m haies, Moses dépose ses adversaires dans le dernier virage et s'envole vers l'or, record du monde en prime (47''63).

L'année suivante, « Ed » entame sa série de 122 victoires consécutives échelonnées sur une décennie. Championnat national, meetings internationaux, Coupe du monde des nations… Edwin Moses croque tout, s'autorisant même, tête bien faite autant que jambes parfaites, à s'éloigner de la piste pour poursuivre sa carrière d'ingénieur aéronautique chez le géant de l'aviation militaire General Dynamics. Privé des Jeux Olympiques de Moscou 1980 en raison du boycott américain exigé par le président Jimmy Carter pour protester contre l'invasion de l'Afghanistan par l'armée soviétique, le hurdler court contre lui-même, bat trois fois son propre record entre 1977 et 1983 (47''02) et décroche l'or aux championnats du monde, pour la première fois organisés à Helsinki un an avant les Jeux Olympiques de Los Angeles 1984. Qui démarrent mal. Invité à prononcer le serment des athlètes clôturant la cérémonie d'ouverture, il oublie son texte et perd ses mots en mondovision. Mais pas de quoi faire bafouiller les jambes, conquérant sa deuxième médaille d'or quelques jours plus tard. De nouveau champion du monde en 1987, Edwin Moses est moins dominateur et manque le triplé à Séoul 1988, « seulement » médaillé de bronze, mais conserve son aura, qui inspirera toute une génération de coureurs parmi lesquelles le Français Stéphane Diagana, quatrième à Barcelone en 1992 et champion du monde en 1997.

2 médailles d'or

1 médaille de bronze

ERIC MOUSSAMBANI

L'esprit de Coubertin

0 médaille

Ce 19 septembre 2000, un jeune homme en maillot de bain de plagiste bleu et aux lunettes mal ajustées plonge maladroitement dans le couloir 5 du bassin olympique de Sydney. Il nage tant bien que mal, s'époumonne, ralentit au point de faire du sur-place et achève finalement son aller-retour calvaire en 1'52"72, soit plus du double de record du monde du 100m. Cet homme, c'est Eric Moussambani, un Equato-Guinéen de 22 ans qui n'est ni un intrus ni un spectateur lancé dans un pari farfelu. Cet athlète au crawl si mal assuré, seul participant de sa série après les disqualifications pour faux départ du Nigérien Karim Bare et du Tadjikistanais Farkhod Oripov, est l'unique représentant d'une fédération née quelques mois plus tôt dans cette Guinée-Équatoriale qui ne compte qu'une piscine d'hôtel de 20 mètres. Par souci d'ouverture vis-à-vis des pays en voie de développement, le Comité internationale olympique a tout de même convié ce pays où la natation n'existe pas. En panne de nageurs, les dirigeants africains lancent un appel à candidature à la radio nationale. Seuls Eric Moussambani et sa compatriote Paula Barila Bolopa se présentent au rendez-vous donné à l'hôtel Ureca, situé au cœur de la capitale Malabo. En guise de sélection, on teste simplement leur aptitude à nager. Et les voilà sélectionnés pour des Jeux Olympiques qu'il va bien falloir préparer… Sans coach et sans autre accessoire technique qu'un short de bain acheté dans une solderie, Eric Moussambani s'entraîne dans le golfe de Guinée et parfois dans le petit bassin de ce fameux hôtel, mais uniquement de 5h à 6h du matin, pour ne pas déranger la clientèle. Arrivé à Sydney, un entraîneur sud-africain lui prête l'équipement de rigueur.

Le jour J, la foule australienne acclame ce héros. Dès sa sortie du bassin, les médias se ruent sur l'histoire hors du commun de celui qu'ils baptisent « Eric l'anguille ». Un destin qui fait surtout résonner ces mots de l'inventeur des Jeux modernes Pierre de Coubertin : « *Le plus important aux Jeux Olympiques n'est pas de gagner mais de participer, car l'important dans la vie, ce n'est point le triomphe mais le combat. L'essentiel, ce n'est pas d'avoir vaincu, mais de s'être bien battu.* »

Eric Moussambani seul sur les plots de départs lors de la série du 100m nage libre aux Jeux Olympiques de Sydney, en 2000

TAKEICHI NISHI

Le cavalier golden-boy

Takeichi Nishi, champion olympique en titre, lors des Jeux Olympiques de Berlin, 1936

À 10 ans, orphelin d'un père haut dignitaire de l'empire du Japon, Takeichi Nishi a fortune faite et destin tout tracé. Mais il rêve d'ailleurs, et notamment d'une carrière dans l'armée. À cheval. Après l'école militaire, cet excellent cavalier de saut d'obstacles est promu premier lieutenant en 1926 et gravit les échelons jusqu'à l'équipe nationale appelée à disputée les Jeux Olympiques de Los Angeles 1932. Takeichi Nishi est si impliqué qu'il accompagne la délégation chargée de superviser les installations équestres sur la côte ouest des États-Unis. Un choc culturel et social. Dans la Cité des anges, le militaire s'entiche du faste hollywoodien et se rapproche des stars du cinéma de l'époque comme Mary Pickford et Douglas Fairbanks. Il reviendra, c'est sûr. Après l'achat sur ses deniers personnels de son cheval Uranus, en juillet 1930 en Italie, Takeichi Nishi est officiellement sélectionné pour les Jeux l'année suivante. Installé avec l'équipe dans une villa jouxtant le Riviera Country Club, Nishi se mue en play-boy, se rend à l'entraînement au volant d'une rutilante Packard décapotable, se fond dans la jet-set et écume les soirées mondaines. L'ouverture des Jeux Olympiques, le 30 juillet 1932, ne calme pas ses ardeurs et l'on craint pour ses performances à venir. Ce que l'on voit moins, c'est que le fêtard est aussi un travailleur acharné. Il le démontre le 14 août, au dernier jour de l'olympiade. Devant 100 000 spectateurs, le néo-trentenaire remporte le concours d'obstacles. S'il ne conserve pas son titre en 1936 – il chute au milieu du parcours –, l'officier de l'armée impériale japonaise devient une célébrité mondiale, toutefois contraint de réintégrer les rangs militaires, notamment lors de la Seconde Guerre mondiale qui oppose son pays à cette Amérique qu'il aime tant (et réciproquement) à partir de décembre 1941. Promu lieutenant-colonel, le « baron Nishi » mène les troupes nippones lors de la célèbre bataille d'Iwo Jima (19 février-26 mars 1945), bottes Hermès aux pieds et cravache favorite à la main. Son fidèle cheval Uranus décède sept jours plus tard. Sa vie inspirera le réalisateur Clint Eastwood, qui retrace son destin exceptionnel dans *Lettres d'Iwo Jima*, sorti en 2006.

1 médaille d'or

TADAHIRO NOMURA

Un super-léger qui pèse lourd

3 médailles d'or (super-léger -60kg)

Neveu du champion olympique Toyokazu Nomura, sacré en 1972 à Munich dans la catégorie des - de 70kg, et fils d'un judoka qui sera entraîneur d'un champion olympique, Tadahiro Nomura est quasiment né sur un tatami. Et pour ses premiers Jeux Olympiques en 1996, le jeune homme de 21 ans, engagé chez les - de 60kg, va faire honneur à ses glorieux aînés avec une facilité déconcertante. Dominateur et jamais inquiété par ses concurrents, il remporte quatre de ses cinq combats par ippon, dont la finale contre l'Italien Giovinazzo. Quatre ans plus tard, à Sydney, le champion olympique en titre est ultra favori de la compétition. Et là encore, Nomura va se montrer à la hauteur des attentes qu'il suscite: sans coup férir, il balaie ses adversaires pour se hisser en finale et défendre son titre face au voisin sud-coréen et champion d'Asie en titre, Bu-Kyung Jung. Un combat attendu, où, pense-t-on, le japonais devrait avoir du fil à retordre. Finalement, il ne faut que quelques secondes à Nomura pour expédier son concurrent au sol et glaner ainsi son deuxième titre olympique. Après cela, à la surprise générale, le judoka nippon décide de se retirer du circuit. Mais après deux ans d'interruption, la passion revient et Nomura referme cette parenthèse pour remonter sur les tatamis, avec en ligne de mire les Jeux Olympiques d'Athènes, où le double champion olympique espère réussir la passe de trois. Et là encore, il ne va pas décevoir… Parvenant à nouveau en finale, il a là une occasion unique de rentrer dans l'histoire de son sport en devenant le premier judoka à gagner trois fois de suite les Jeux Olympiques. Un exploit que va tenter de lui contester le Géorgien Nestor Khergiani. Mais, face à la technique du Japonais, qui prend rapidement l'avantage à la faveur d'un yuko, le Géorgien ne parvient jamais à trouver la faille. Défendant mordicus son avantage au score, Nomura résiste et s'offre au terme du combat une troisième médaille d'or olympique. Après cela, il se retire avant de revenir une nouvelle fois deux ans plus tard en annonçant vouloir conquérir une quatrième médaille d'or à Pékin, Jeux pour lesquels il ne parvient finalement pas à se qualifier. Il met définitivement un terme à sa carrière en 2015 après avoir un temps espéré pouvoir concourir aux Jeux de Londres.

Tadahiro Nomura prend le meilleur sur le Cubain Manolo Poulot lors des Jeux Olympiques de Sydney, en 2000

PAAVO NURMI

Le quintuplé improbable

À Paris en 1924, Paavo Nurmi remporte 5 médailles d'or

Courir sept courses en six jours et décrocher cinq médailles d'or. Voilà l'exploit retentissant accompli en juillet 1924 par le coureur finlandais de fond et demi-fond Paavo Nurmi. Et dans cette folle semaine olympique, le 10 juillet 1924 marque tout particulièrement les esprits: ce jour-là, sur la piste du Stade olympique de Colombes, deux heures seulement après s'être adjugé le titre sur 1 500m en 3'53" devant le Suisse Willy Schärer et le Britannique Henry Stallard, Paavo Nurmi est au départ de la finale du 5 000m, distance sur laquelle il fait office d'homme à battre puisqu'il en est le recordman du monde.

S'il aborde donc cette finale dans la peau du favori, Nurmi n'est pas le seul à prétendre au titre. Il doit en effet pour la première fois faire face à la solide concurrence de son compatriote et néanmoins rival Ville Ritola, vainqueur du 3 000m steeple et du 10 000m quelques jours plus tôt – sur lequel l'insatiable Nurmi souhaitait également s'aligner mais pour lequel la Fédération finlandaise lui avait préféré Ritola… C'est donc un duel au sommet que les «Finlandais volants» vont se livrer. Et le moins que l'on puisse dire c'est qu'ils ne vont pas décevoir les 45 000 spectateurs venus assister au spectacle. Si le voisin suédois Edvin Wide semble faire illusion jusqu'au 2e km, il est distancé à la mi-course par les deux Scandinaves qui vont se disputer la suprématie olympique. Au coude-à-coude à l'amorce du dernier tour de piste, les deux hommes ne se lâchent pas et le public retient son souffle: lequel craquera le premier? Derrière Ritola à la sortie de l'ultime virage, Nurmi fournit un dernier effort et franchit finalement la ligne en tête avec deux petits dixièmes d'avance. Deux petits dixièmes qui lui permettent de s'octroyer un 2e titre en trois heures et d'établir au passage un nouveau record olympique du 5 000m en 14'31"20. Deux jours plus tard, le 12 juillet, il remporte deux nouvelles médailles d'or en cross-country (individuel et par équipe) puis termine sa semaine olympique le lendemain par une cinquième médaille avec le 3 000m par équipe.

9 médailles d'or

(1 500m, 3 000m par équipes, 5000m, 10 000m, cross individuel et cross par équipes)

3 médailles d'argent

(3 000m steeple et 5 000m)

MICHELINE OSTERMEYER

La touche-à-tout

Née en 1922 d'une mère professeure de piano et d'un père ingénieur fan de sport, la Française Micheline Ostermeyer décide de ne pas choisir entre les deux aspirations parentales et s'épanouit conjointement dans la pratique de ces deux dons que la nature lui offre, le piano et l'athlétisme. En 1946, la spécialiste d'une étonnante combinaison de disciplines (sauts et lancers) devient à la fois championne de France de la hauteur et du poids puis vice-championne d'Europe de saut en longueur, quelques semaines après avoir obtenu le premier prix de piano du conservatoire de Paris. Le secret de sa réussite? «*Je consacre cinq heures par jour au piano et cinq heures par semaine au sport*», explique-t-elle le plus simplement du monde, estimant que chaque domaine profite à l'autre: «*Le sport m'apprend à me détendre et le piano me donne des biceps forts ainsi que le sens du mouvement et du rythme.*»

Championne du monde universitaire (hauteur et poids) et quatrième du concours international de piano de Genève (900 concurrents) un an plus tard, Micheline Ostermeyer découvre le lancer du disque seulement trois semaines avant le début des Jeux Olympiques de Londres 1948. C'est dans cette première épreuve, durant laquelle elle progresse d'un mètre à chacun de ses lancers, qu'elle décroche sa première médaille d'or. Troisième avant son dernier essai, elle l'emporte avec un fantastique dernier jet à 41,92m, 75cm (!) de mieux que sa dauphine italienne Edera Cordiale, et devient la première athlète française championne olympique. Cinq jours plus tard, elle gagne de nouveau l'or au lancer du poids, profitant (un peu) de l'absence de la Russe championne d'Europe Tatyana Sevryukova dont le pays n'est pas affilié au Comité internationale olympique. Un titre qu'elle célèbre en offrant un récital improvisé d'œuvres de Beethoven au quartier général de l'équipe de France. Concluant ses Jeux d'une médaille de bronze au saut en hauteur, Micheline Ostermeyer met un terme à sa carrière d'athlète de haut niveau en 1951 à cause de blessures à répétition. Installée à Beyrouth avec son mari libanais, elle pratique un temps le basket-ball, son premier amour sportif, et devient même championne nationale et d'Afrique du Nord sous les couleurs de la Société sportive arménienne. Puis retourne à sa brillante carrière de concertiste. Sa «*vraie vie*», dira-t-elle.

2 médailles d'or

(lancer du disque et du poids)

1 médaille de bronze

(saut en hauteur)

Micheline Ostermeyer à la première place sur le podium du lancer du disque aux Jeux Olympiques de Londres en 1948. Elle est accompagnée de Edera Cordiale (ITA) et de la Française Jacqueline Mazéas.

JESSE OWENS

L'homme qui défia Hitler

Berlin, août 1936. L'Allemagne d'Adolf Hitler accueille la XIe olympiade moderne dans un climat géopolitique tendu. Au pouvoir depuis 1933, deux ans après l'attribution des Jeux par le CIO, le Führer utilise l'événement pour faire la propagande du nazisme et démontrer la supériorité de la race aryenne. Des pays ont appelé au boycott et tenté en vain d'organiser des Jeux alternatifs. Sur le terrain sportif, l'Allemagne va largement dominer le tableau des médailles (89 médailles dont 33 d'or). Une performance presque oubliée, et aux yeux d'Hitler ternie, par les exploits d'un jeune athlète noir américain, Jesse Owens, qui en quatre jours va contrecarrer les plans d'un dictateur en quête de domination absolue.

Petit-fils d'esclaves de l'Alabama et fils d'un paysan et d'une femme de maison partis chercher du travail à Cleveland, Jesse Owens est un gamin frêle et souvent malade qui se découvre une passion, et un talent certain, pour l'athlétisme. Champion interscolaires sur 100m (record du monde en prime), 200m et en saut en longueur en 1933, le surdoué rejoint l'université de l'Ohio et brille deux ans plus tard aux championnats universitaires, battant ou égalant pas moins de six records du monde, le 25 mai 1935.

Leader de l'équipe américaine d'athlétisme, le champion des États-Unis va brillamment tenir son rang à Berlin. Chaque jour de compétition est un triomphe autant qu'un magistral pied de nez au régime nazi. Le 3 août, victoire sur 100m. Rebelote le lendemain au saut en longueur, devant l'Allemand Luz Long avec lequel il se lie d'amitié. Adolf Hitler fulmine et quitte le stade sans saluer le vainqueur – Jesse Owens affirme au contraire: «*quand je suis passé devant le chancelier, il s'est levé, a agité la main vers moi, et je lui ai fait un signe en retour*» –, comme la veille lors du sacre du sauteur en hauteur noir américain Cornelius Johnson. Adolf Hitler ne félicite par ailleurs plus aucun vainqueur à compter de ce jour. Le 5 août, nouvelle victoire d'Owens sur 200m, ponctué d'un record du monde (20"7) qui tiendra quinze ans. Il parachève son chef d'œuvre quatre jours plus tard sur 4 x 100m avec le relais américain. Et reste dans l'Histoire comme «l'homme qui osa défier Hitler», trois ans avant le début de la Seconde Guerre mondiale.

Jesse Owens peu après le départ de la course lors des Jeux Olympiques de Berlin, en 1936

4 médailles d'or

(100m, 200m, saut en longueur, 4x100m)

Lazlo Papp prenant la pose vers 1948. Il est l'un des rares boxeurs à avoir remporté 3 médailles d'or olympique consécutives.

LASZLO PAPP

L'invincible

En trois olympiades, treize boxeurs différents ont tenté de trouver la faille face à Laszlo Papp. Sans jamais y parvenir. Né en 1926 à Budapest, cet employé des chemins de fer hongrois est une première fois sélectionné pour représenter son pays aux Jeux de Londres 1948. Le monde découvre l'agilité et les coups puissants de ce gaucher contrariant qui met KO ses trois premiers adversaires de la catégorie poids moyens, puis remporte son premier titre olympique face au Britannique John Wright qui joue pourtant à domicile. Quatre ans plus tard, à Helsinki, le champion d'Europe 1949 des poids moyens descend chez les super-welters, catégorie introduite pour la première fois durant ces Jeux en Finlande. Après quatre premiers tours passés sans encombre (deux KO, deux victoires 3-0), le Magyar dispose tranquillement du Sud-Africain Theunis Van Schalkwyk en finale. Deuxième médaille d'or. Et de trois en 1956, à Melbourne, dans la même catégorie. En remportant un round en finale, l'Américain Jose Torres, futur champion du monde professionnel des poids mi-lourds, sera le seul à contester un peu l'hégémonie de celui qui signe alors une première historique en devenant le premier boxeur à s'adjuger trois titres olympiques d'affilée. Une performance qui ne sera égalée que vingt-quatre ans plus tard par les poids lourds cubains Teofilo Stevenson (1972, 1976 et 1980) et Felix Savon (1992, 1996, 2000). Un an après ces Jeux australiens, Laszlo Papp s'exile en Autriche pour passer professionnel, un statut interdit par les instances politiques hongroises qui le lui accorde exceptionnellement en 1962, devenant le premier sportif d'un pays communiste à profiter de ce passe-droit. Sous certaines conditions, toutefois… Jusqu'en 1965, le champion d'Europe professionnel des poids moyens défend sa ceinture à six reprises et prétend à cette ceinture mondiale qui lui tend les bras. Un rêve éteint par les autorités hongroises qui refuse de lui délivrer un visa. Dépité et sans horizon, Laszlo Papp décide de raccrocher les gants. Devenu entraîneur de l'équipe olympique (1971-1992), il se consolera en 1989, à 63 ans, avec le titre de champion du monde à titre honoraire que lui décerne le World Boxing Council (WBC).

3 médailles d'or

ISTVAN PELLE

L'étonnant magyar

Istvan Pelle aux Jeux Olympiques de Los Angeles, en 1932

En 1928, le gymnaste hongrois Istvan Pelle, 21 ans, a beau être quintuple champion national aux agrès et champion du concours général, il reste un quasi inconnu sur la scène internationale. Aux Jeux d'Amsterdam, il n'est donc qu'un participant parmi tant d'autres, terminant à des places d'honneur que les archivistes de l'époque n'ont même pas pris soin de notifier. Il est alors bien difficile de voir en lui un le futur champion olympique qu'il va devenir… Étonnamment champion du monde à la barre fixe deux ans plus tard au Luxembourg, Istvan Pelle arrive aux Jeux Olympiques de Los Angeles 1932 dans un relatif anonymat. Mais il profite de deux aléas majeurs qui vont l'aider à inscrire son nom au palmarès. Pour la première fois, des épreuves individuelles aux différents agrès sont organisées (ainsi que des concours de saut acrobatique, de grimper à la corde et de massues indiennes !) Et pour la première fois également, les résultats de la compétition par équipes sont déconnectés de ceux des épreuves individuelles (barre fixe, aux barres parallèles, au cheval d'arçons, aux anneaux et aux sauts de cheval). Deuxième élément jouant en sa faveur : de nombreux athlètes présumés favoris ou médaillables, pour la plupart européens, n'ont tout simplement pas pu faire le déplacement jusque sur la lointaine côte ouest américaine. Istvan Pelle décroche ainsi un premier titre olympique au cheval d'arçons, puis un second aux exercices au sol. Deux médailles d'or auxquelles s'ajoutent deux breloques d'argent au concours général individuel et aux barres parallèles. Seul l'Italien Romeo Neri et ses trois médailles d'or volent la vedette à ce docteur en droit, qui déçoit aux championnats du monde de 1934 pourtant disputés à Budapest puis aux Jeux Olympiques de Berlin 1936. Après la Seconde Guerre mondiale, compteur de titres nationaux arrêté à quarante-et-un titres, il quitte la Hongrie et s'installe en Argentine où il devient… violoniste et chanteur.

2 médailles d'or

(sol, cheval d'arçons)

2 médailles d'argent

(concours général individuel, barres parallèles)

MARIE-JOSÉ PÉREC

La fidélité récompensée

À l'ouverture des Jeux Olympiques d'Atlanta à l'été 1996, de toute la longue histoire de la compétition, seule une athlète a réalisé un exploit aussi inédit que celui de faire le doublé sur 200 et 400m. Et la raison est à chercher du côté du 400m : la discipline est en effet une distance particulièrement compliquée à négocier, qui n'est ni un sprint ni une course de demi-fond. Et il est rare que les spécialistes du tour de piste s'aventurent sur le sprint. La première athlète à avoir réussi le pari de triompher sur 200 et 400m est l'Américaine Valerie Brisco-Hooks (une performance réalisée à Séoul en 1988). À l'issue des Jeux d'Atlanta, ils seront trois. Un trio – Valerie Brisco-Hooks, Marie-José Pérec et Michael Johnson –, qui n'a depuis été rejoint par aucun autre sportif. C'est dire à quel point la performance de Marie-José Pérec cet été-là est hors-du-commun. Autre fait marquant, et non des moindres, elle est la première athlète, hommes et femmes confondus, à conserver son titre sur le tour de piste, puisqu'elle s'était déjà imposée à Barcelone en 1992, où elle avait au passage succédé à l'iconique Colette Besson au tableau d'honneur tricolore. Non-contente de laisser une marque indélébile dans l'histoire de l'athlétisme hexagonal et mondial, la Française engloutit les 400m du Centennial Olympic Stadium en 48"25, un record olympique qui aujourd'hui encore n'a toujours pas été battu.

Deux jours après sa victoire retentissante sur 400m, Marie-José Pérec affronte les spécialistes du 200m dans une finale ouverte et indécise. Ayant signé la meilleure performance mondiale en demi-finale, Marie-Jo' apparaît comme une concurrente sérieuse, notamment pour la reine de la discipline, la Jamaïcaine Merlene Otey, qui, a 36 ans, a là son ultime opportunité de gagner une médaille d'or olympique. En effet, malgré un palmarès immense, la championne jamaïcaine n'a jamais pu monter sur la plus haute marche olympique. Une consécration dont la prive la sprinteuse de Basse-Terre, qui effectue 30 derniers mètres restés dans l'histoire de l'athlétisme français. Avec ses longues foulées caractéristiques, elle comble son retard sur la sprinteuse caribéenne pour finalement s'imposer confortablement.
Attendue à Sydney 4 ans plus tard pour réaliser un triplé historique, Marie-Jo Pérec quitte rapidement l'Australie quelques jours seulement après son arrivée, préférant déclarer forfait, à la grande stupéfaction de ses supporters si impatients de voir la double championne en titre du 400m défier sa grande rivale Cathy Freeman, elle qui avait bien failli ravir son titre à la Guadeloupéenne à Atlanta.

Marie-José Pérec après la course du 4x100m aux Jeux olympiques d'Atlanta, en 1996

3 médailles d'or

(200m, et 400m)

Atlanta 1996
FRA
adidas

MICHAEL

PHELPS

Le plus grand

Michael Phelps lors du relais 4x100m 4 Nages aux Jeux Olympiques de Pékin, en 2008

Si tous les records sont faits pour être battus, il va falloir partir de très (très) loin pour détrôner le nageur américain Michael Phelps, le sportif le plus titré de l'histoire des Jeux – et même du sport. En quatre olympiades, d'Athènes 2004 à Rio 2016, le spécialiste… d'à peu près tout (nage libre, papillon, 4 nages) a récolté 28 médailles olympiques dont 23 en or, battu seulement trois fois en individuel. Sans parler de ses 26 titres de champion du monde accumulés de 2001 à 2011. Un palmarès inouï signé d'un récital exceptionnel aux Jeux Olympiques de Pékin 2008. Le nageur du Maryland, soigné pour son hyperactivité quand il était enfant, arrive en Chine sûr de sa force et aborde la compétition avec comme objectif de battre le record de Mark Spitz et ses sept médailles d'or glanées en 1972, à Munich.

Du 10 au 12 août, Michael Phelps s'impose successivement sur 400m 4 nages, 4 x 100m nage libre puis pour la première fois le 200m nage libre et atteint un palier historique en rejoignant Carl Lewis, Paavo Nurmi, Larissa Latynina et son compatriote au sein du club fermé des neuf médailles d'or. Mais Phelps en veut plus, beaucoup plus. Le lendemain, il dépasse ces légendes en remportant le 200m papillon puis le 4 x 200m avec le relais américain, quelques heures plus tard. Ce n'est pas fini. Le 15 août, « The Baltimore Bullet » devient champion olympique du 200m 4 nages. Le lendemain, il s'impose ric-rac sur 100m papillon, titillé par le Serbe Milorad Cavic, battu d'un petit centième de seconde. Et de sept, donc ! Phelps égale Spitz, spectateur enthousiaste de son désormais alter-ego : « *C'est le plus grand nageur et le plus grand Olympien de tous les temps* », s'emballe même le Californien, qui pressent la suite des événements. Le 17 août, Michael Phelps entre définitivement dans l'Histoire du sport avec la victoire américaine sur le relais 4 x 100m quatre nages, clairement obtenue grâce à son aller-retour express, le plus rapide de tous les temps en papillon. Huit courses, huit victoires, sept records du monde et un meilleur temps olympique (100m papillon). Du très grand art.

23 médailles d'or

(200m nage libre, 100m papillon, 200m papillon, 200m 4 nages, 400m 4 nages, 4 x 100m nage libre, 4 x 200m nage libre, 4 x 100m 4 nages)

3 médailles d'argent

(100m papillon, 200m papillon, 4 × 100m nage libre)

2 médailles de bronze

(200m nage libre, 4 × 100m nage libre)

ALEKSANDR POPOV

Le Supertsar

4 médailles d'or (50m et 100m nage libre)

5 médailles d'argent (4 x 100m, 4 x 100m 4 nages et 100m nage libre)

Et dire qu'enfant, Aleksandr Popov craignait l'eau. Et dire aussi qu'une fois libéré de sa peur, poussé par un père ouvrier à l'usine d'assemblage d'armes nucléaires de la « ville fermée » de Lesnoï où les loisirs sont rares, le Russe traînait des pieds pour se rendre à ses cours de natation et qu'une fois dans le bassin, le futur tsar du crawl préférait nager le dos. Et puis il y eut cette révélation durant cet été 1980 que le jeune Popov passe devant le poste de télévision, captivé par les Jeux Olympiques de Moscou. C'est décidé, il sera champion. Et ira désormais à la piscine en courant.

Aleksandr Popov après sa victoire dans le 50m nage libre aux Jeux Olympiques de Barcelone, en 1992

L'adolescent est repéré lors des championnats juniors 1987 par Gennadi Touretski, grand manitou de la natation soviétique. Le coach est notamment chargé de dénicher et de former la perle rare capable de contester l'hégémonie américaine sur les distances reines du 50m et 100m aux JO incarnée par le doublé de Matt Biondi à Séoul. Le prometteur Aleksandr Popov rejoint son groupe de nageurs en septembre 1990, passe définitivement du dos à la nage libre et découvre des méthodes d'entraînement qu'il juge « déroutantes ». À une époque où les nageurs ne font que tourner les bras et pousser de la fonte durant des heures, Touretski forme lui des athlètes complets et propose de longues randonnées, de l'escalade ; et dans l'eau, des jeux de ballons et un kilométrage limité. En dehors, il peaufine sa technique et la synchronisation de ses bras, qui sera jugée parfaite, en utilisant… une pagaie. La recette fonctionne : en 1991, à 19 ans, l'élégant nageur devient champion d'Europe du 100m, et se présente dans le maillot d'un très sérieux challenger l'année suivante, aux Jeux de Barcelone. Meilleur temps des séries sur 50 et 100m, Aleksandr Popov devient « l'Empereur » en finale, remportant les deux courses tout en reléguant les Américains au rôle de spectateurs. Double médaillé d'argent en relais (4 x 100m et 4 x 100m 4 nages), le Russe suit son coach et mentor en Australie et remporte toutes ses courses en individuel jusqu'aux Jeux Olympiques d'Atlanta 1996, où il conserve ses couronnes – un événement – qu'il complète de deux nouvelles breloques en argent en relais.

Ferenc Puskas avec le maillot de la Hongrie en 1953

FERENC PUSKAS

Onze d'or hongrois

1 médaille d'or

Connue pour sa défaite légendaire lors de la finale de la Coupe du Monde de football 1954 en Suisse — ce que les Allemands, vainqueurs du tournoi, ont appelé le « Miracle de Berne » tant leur victoire fut inespérée — l'équipe hongroise, emmenée par son capitaine Ferenc Puskas, pourra toujours se consoler avec le titre olympique conquis en Finlande à l'été 1952 lors des Jeux d'Helsinki. Un tournoi que les Hongrois vont maitriser de bout en bout.

Le 15 juillet, pour leur entrée en lice au tour préliminaire, ils remportent (2-1) un match haché et particulièrement accroché contre la Roumanie, au terme duquel six Magyars finissent touchés, sans toutefois être privés du reste de la compétition. La semaine suivante, ils sortent l'Italie 3-0 en huitièmes de finale et font forte impression devant une Squadra Azzura dépassée. Trois jours plus, tard, en quart de finale, ils étrillent la Turquie 7 buts à 1. Une véritable démonstration qui laisse les observateurs unanimes: cette équipe est la grandissime favorite du tournoi.

En demi-finale, c'est la Suède championne olympique en titre qui se présente pour affronter la bande à Puskas. Une fois encore, le futur joueur du Real Madrid, qui fera les beaux jours du club espagnol de 1958 à 1966, guide les siens vers la finale en ouvrant le score dès la première minute d'un raid solitaire. À l'issue d'une victoire fleuve (6-0) au cours de laquelle les Suédois n'ont jamais existé, la Hongrie file donc logiquement en finale où elle défiera la Yougoslavie. Un duel entre Républiques socialistes qui vire à l'avantage des Magyars. Dans un match fermé, tactique, où les deux équipes se méfient de l'autre, c'est à nouveau Ferenc Puskas qui va faire basculer la rencontre en ouvrant le score à la 70e minute. Un soulagement pour l'homme le plus en vue des 22 acteurs qui avait manqué un pénalty à la 36e minute de jeu. Vingt minutes plus tard, c'est lui qui est à l'origine du second but, qu'il offre à son coéquipier Czibor. Une victoire méritée qui offre au football hongrois le premier de ses trois titres olympiques (suivront 1964 et 1968) avec une maitrise déconcertante. Une réussite qui fuiera cette équipe deux ans plus tard lors de la fameuse finale de la Coupe du Monde 1954 en Suisse.

Megan Rapinoe et ses coéquipières lors du match de la 1ère journée de la phase de groupe face à la France (victoire 4-2) aux Jeux Olympiques de Londres, en 2012

MEGAN RAPINOE

Olympico

Si Megan Rapinoe est une footballeuse méritante à la carrière remarquable, à la lecture de son palmarès olympique, on pourrait être étonné de la voir ici figurer aux côtés de championnes et champions multi-médaillés olympiques, aux records incroyables ou aux performances tout à fait hors-du-commun. Mais si Megan Rapinoe a marqué l'histoire du football olympique, c'est pour un geste qu'elle a réalisé lors des Jeux de Londres en 2012, sur la pelouse de Wembley, lors de la demi-finale opposant son équipe à sa rivale canadienne. Ce jour-là, dans un match fou, allant d'un but à l'autre, la milieu de terrain marque un but jamais inscrit dans le tournoi olympique, tout sexe et toutes compétitions confondus, à savoir un corner direct. Un geste technique qui porte le nom d'Olympico pour une raison peu évidente et dont il faut chercher l'origine il y a un siècle de cela: quelques semaines après les Jeux Olympiques de 1924, qui ont vu l'Uruguay s'imposer, se tient une double confrontation amicale entre l'Argentine et les champions en titre. À la 15e minute de jeu, l'Argentin Césaréo Onzari frappe un corner qui termine sa course au fond des filets uruguayens sans qu'aucun autre joueur ne touche le ballon. C'est alors la première fois qu'un tel but est renseigné dans le football. Au début appelé « but d'Onzari contre les champions olympiques », il se voit par la suite attribué un diminutif plus « bankable », celui d'« Olympico ». Il faudra donc attendre 2012 pour voir ce geste réalisé aux Jeux Olympiques. Une action inédite que Megan Rapinoe va à nouveau réaliser huit ans plus tard, lors de ses derniers Jeux: à Tokyo, dans le match pour la troisième place face aux australiennes, la joueuse réitère son geste, expédiant directement le ballon dans le petit filet du second poteau. Avec 100% des « Olympico » marqués lors des Jeux, Megan Rapinoe, aujourd'hui retirée des terrains, devrait figurée au tableau d'honneur des Jeux pendant encore longtemps.

1 médaille d'or

1 médaille de bronze

STEVE

REDGRAVE

Rameur accro

Steve Redgrave, médaille d'or autour du cou

En 1996, quelques jours après avoir récolté à Atlanta sa quatrième médaille d'or en autant de Jeux Olympiques, le rameur britannique Steve Redgrave, 34 ans, est invité à la télévision anglaise. Au présentateur qui l'interroge sur son éventuelle présence aux JO de Sydney 2000, le néo-retraité apporte la réponse la plus claire qui soit : « *Si quelqu'un me voit me rapprocher de nouveau d'un bateau, vous avez ma permission pour me descendre !* » Orienté par un professeur fan d'aviron, Steve Redgrave rame depuis l'âge de 14 ans. Vingt ans sur l'eau ! Il en a marre. Et n'a plus rien à prouver.

Sa moisson dorée démarre en 1984, à Los Angeles. En quatre barré, la sélection britannique profite du boycott des pays de l'Est, liés par le Pacte de Varsovie et d'ordinaire dominateurs, pour décrocher l'or. Devenu suffisamment solide pour ramer en duo (avec et sans barreur), Steve Redgrave récidive à Séoul : médaillé de bronze avec barreur, le binôme britannique qu'il compose avec Andy Holmes damne le pion aux nations spécialistes revenus dans le jeu (la Roumanie et la Yougoslavie), démontrant que le succès américain était loin d'être usurpé. Malgré de persistantes douleurs intestinales, il forme un nouveau duo vainqueur en deux sans barreur avec Matthew Pinsent aux Jeux Olympiques de Barcelone (cinq secondes d'avance sur l'Allemagne). Bis repetita quatre ans plus tard, à Atlanta, où Redgrave a l'honneur de porter le drapeau de la délégation britannique lors de la cérémonie d'ouverture. Il l'a annoncé avant (et donc après sur le petit écran) : cette fois, c'est la dernière. Une décision qui ne tient que quelques mois : à 35 ans, la légende de l'aviron reprend du service avec l'équipe du quatre sans barreur. Malgré les pépins physiques (diabète, blessure aux côtes, malaise vagal à l'entraînement), le vétéran s'accroche, conquiert deux titres mondiaux en 1998 et 1999 avant la consécration australienne. Aux prises avec l'Italie dans un final suffocant, la Grande-Bretagne l'emporte pour 38 centièmes. Redgrave remporte sa cinquième médaille d'or consécutive, remise par la Princesse Anne, fille de la reine Élizabeth II. Et peut ranger ses rames, cette fois définitivement.

5 médailles d'or

(deux sans barreur, quatre barré et quatre sans barreur)

1 médaille de bronze

(deux barré)

JACKSON RICHARDSON

Le génie pur

1 médaille de bronze

En 1992, la France est une nano-nation de la planète handball, ce « sport de profs de gym » dont personne ne sait prononcer le nom dans l'Hexagone. Après avoir végétée en 3e puis 2e division mondiale dans les années 1980, la moribonde équipe de France termine 9e des championnats du monde 1990. Un petit exploit qui lui offre le dernier ticket pour les Jeux Olympiques de Barcelone, où évidemment personne ne mise une *peseta* sur elle. Ce que le grand public ignore, c'est que cette sélection est construite autour d'une bande d'énergumènes solidaires, décomplexés, fêtards, roublards, excessifs et bagarreurs qui font sa force collective. Et qu'elle possède dans ses rangs une petite pépite de 23 ans au style de jeu génial et atypique : Jackson Richardson, repéré sur son île de La Réunion par le sélectionneur de l'équipe de France Daniel Costantini… seulement quatre ans plus tôt. Subjugué par cet ovni moustachu, le gourou des Bleus le fait aussitôt venir en métropole avant de lui confier les clés de l'équipe de France junior aux championnats du monde 1989 puis celles des A un an plus tard. À Barcelone, le relax « Jack » étale toute sa classe et son talent instinctif. En défense, il se place trois mètres devant ses coéquipiers pour chiper la balle à des adverses médusés par ce positionnement qui les trouble. En attaque, le joueur de l'OM Vitrolles improvise, virevolte, adresse des passes improbables, transperce les défenses avec une agilité stupéfiante et marque des buts dans des positions insensées. Les autres jouent au handball, lui le rend beau, fun, sexy. C'est Michael Jordan et Michel Platini réunis. Avec et grâce lui, « les Bronzés » remportent une improbable médaille de bronze qui vaut clairement de l'or dans le cœur d'un pays conquis. Et la France s'assoit définitivement à la table des grandes nations du hand. Trait d'union entre les générations, champion du monde avec les Barjots en 1995 puis avec les « Costauds » en 2001, Jackson Richardson sera malheureux aux Jeux (4e à Atlanta, 6e à Sydney, 5e à Athènes où il est porte-drapeau de la délégation française). Mais heureux en amour : en 2008, trois ans après sa retraite internationale, les joueurs de la génération Karabatic sacrée à Pékin le portent en triomphe sur le terrain, comme pour lui dire que cette médaille d'or est aussi un peu la sienne.

Jackson Richardson, ballon en main lors de la rencontre face à l'Égypte aux cours du tournoi olympique de Barcelone, en 1992

TEDDY

RINER

Le plus grand des géants

Teddy Riner, tout sourire, au moment de sa victoire en finale des +100 kg aux Jeux Olympiques de Rio, en 2016

Le Français Teddy Riner, 34 ans, est le plus grand combattant de l'histoire du judo. Et va le rester pour encore très longtemps. Il faut dire que le colosse guadeloupéen dispose d'une marge conséquente sur ses poursuivants: cinq titres continentaux, onze titres de champion du monde, et surtout, cinq médailles olympiques – il est le seul dans ce cas, avec la Japonaise Ryoko Tani – dont trois en or – deux en individuel, une par équipe mixte. Seul le super-légers Japonais Tadahiro Nomura fait mieux avec trois titres décrochés en solo. Une légende. Des honneurs auxquels il convient de rajouter les nombreuses victoires de prestige remportées tout au long de sa carrière et la domination sur son sport qu'il a imposée à ses adversaires depuis plus de quinze ans – il est ainsi invaincu pendant près de dix ans, enchaînant 154 victoires consécutives, entre 2010 et 2020. Mais c'est bien sur les tatamis des Jeux Olympiques que Teddy Riner a écrit les plus belles lignes de sa légende. Après le bronze de Pékin, il décroche une première fois l'or à Londres, en 2012, puis récidive à Rio quatre ans plus tard, suivant ainsi la même trajectoire que son glorieux aîné David Douillet. En 2021, à Tokyo, la pandémie de Covid-19 contrarie les plans du judoka habitué à ménager et préparer sa monture selon les cycles olympiques. Grand favori de la compétition et en quête d'une troisième médaille d'or consécutive, il se laisse surprendre par le Russe Tamerlan Bashaev, alors numéro un mondial, en quarts de finale. C'est le seul grand échec de sa prodigieuse carrière. Malgré sa déception, quelques jours plus tard, le porte-drapeau de la délégation française à Rio 2016 s'en va décrocher un nouveau titre olympique dans l'épreuve mixte par équipe que la France domine largement, bien aidée par son leader ainsi que la toute récente médaillée d'or Clarisse Agbegnenou. Face au pays hôte, s'il vous plaît ! Teddy Riner aurait pu se contenter de cela et profiter d'une retraite bien méritée. Mais c'est mal connaître le géant français. En effet, malgré un palmarès unique, le natif de Pointe-à-Pitre compte bien terminer sa carrière au firmament en décrochant à Paris, devant un public acquis à sa cause, une troisième médaille d'or dans la catégorie reine des +100kg. Une récompense qui le placerait au tableau d'honneur tricolore aux côtés de l'ancien céiste et actuel président comité d'organisation des Jeux de Paris 2024, Tony Estanguet, détenteur du record de victoires en individuel remportées sur différentes olympiades dans la même discipline.

3 médailles d'or

(+ de 100kg, équipe mixte)

2 médailles de bronze

(+ de 100kg)

Florian Rousseau lors de l'épreuve de vitesse au cours des Jeux Olympiques d'Atlanta, en 1996

FLORIAN ROUSSEAU

Les roues de l'infortune

3 médailles d'or (kilomètre sur piste, keirin, vitesse par équipes)

1 médaille d'argent (vitesse individuelle)

Lorsqu'il s'élance sur la piste du vélodrome à ciel ouvert du Stone Mountain Park d'Atlanta pour l'épreuve du kilomètre ce 24 juillet 1996, le pistard Florian Rousseau n'est plus un *rookie*, comme on dit outre-Atlantique. Bien au contraire. Il est même attendu au tournant : à seulement 22 ans, l'Orléanais est en effet déjà double-champion du monde du kilomètre (des titres obtenus en 1993 et 1994) et fait logiquement partie des favoris au titre olympique. Un titre que le Français va conquérir sans coup férir, franchissant chaque temps de passage devant celui qui est alors en tête du concours, l'Américain Erin Hartwell.

Après un violent effort, le protégé de Gérard Quintyn boucle les quatre tours de piste en 1'02"720. Un temps qui le place en première position et met la pression sur le dernier des 20 participants à s'élancer sur l'anneau incurvé, l'Australien Shane Kelly. Deuxième quatre ans plus tôt à Barcelone et champion du monde en titre, Kelly apparaît comme le grandissime favori à la succession de l'Espagnol José Manuel Moreno, absent de ces Jeux. À tel point que le commentateur français de l'époque donne déjà Florian Rousseau battu : avant même que ce dernier ait terminé sa course, le journaliste de France Télévision voit le cycliste tricolore « *parti pour prendre la deuxième place, puisque tout à l'heure il va y avoir l'Australien qui va partir* » (sic).

Mais le destin va se charger de déjouer ces pronostics quelque peu précipités puisque le sprinteur australien va commettre une faute dès le départ : ayant mal fixé sa chaussure à sa pédale gauche, il est contraint à l'abandon après seulement une seconde de course, mettant ainsi fin à un suspense que l'on s'imaginait plus insoutenable. Une bévue qui profite au Français, sacré champion olympique avec en prime un record sur la distance qui sera battu par le Britannique Chris Hoy lors des Jeux d'Athènes en 2004. À Sydney, Florian Rousseau délaissera le kilomètre pour se concentrer sur la vitesse individuelle et le keirin, discipline qui n'est pas sa spécialité mais qui lui apportera une seconde médaille d'or olympique, à la surprise générale. Un palmarès qu'il complètera la même année par un titre avec Arnaud Tournant à la vitesse par équipe.

VITALY
SCHERBO

Le dieu de la gym

Hyperactif et indiscipliné au point d'en être incontrôlable, Vitaly Scherbo, 7 ans, donne beaucoup de fil à retordre à sa mère. En 1979, ne sachant plus comment canaliser l'énergie débordante de son fils, elle décide de l'inscrire dans un club de gymnastique pour, qui sait, dompter sa fougue. Excellente idée. Car Vitaly Scherbo épate immédiatement la galerie et quoique retors à toute forme de discipline, il est envoyé dans un internat pour jeunes athlètes sur les recommandations de ses premiers entraîneurs. Le « bad boy » signe ses premiers exploits sur la scène internationale en 1990 – trois titres de champions d'Europe dont le saut de cheval qu'il signe d'un 10 –, puis en 1991, remportant la médaille d'argent au concours général individuel aux championnats du monde d'Indianapolis. Des résultats qui, aux yeux de ses entraineurs, ne font toutefois pas de lui un médaillé d'or en puissance en vue des Jeux Olympiques de Barcelone. Trop irrégulier, trop impétueux, trop instable. En Espagne, Vitaly Scherbo va évidemment prendre un malin plaisir à leur donner tort. Et de la plus magistrale des manières. D'abord vainqueur du concours par équipes puis de l'individuel, le rebelle de Minsk remporte ensuite quatre autres médailles d'or (barres parallèles, saut, anneaux, ex-aequo au cheval d'arçons) en… un jour, le 2 août 1992. Il grave ainsi son nom dans l'Histoire de la gymnastique et du sport, devenant le premier sportif à récolter autant de titres en une seule journée de compétition, mais aussi le premier gymnaste à remporter six médailles d'or en une seule olympiade.

Après Barcelone, Scherbo s'installe avec sa famille aux États-Unis qui l'adorent et devient le premier athlète de l'ex-Union soviétique à bien y vendre son image (sponsoring, médias, pub). Champion du monde en 1993, sa vie bascule trois ans plus tard : sa femme Irina est victime d'un terrible accident de voiture et tombe dans le coma. Scherbo déprime, ne s'entraîne plus, commence à boire et prend sept kilos. À son réveil miraculeux, sa femme lui ordonne de renfiler ses collants en vue des Jeux d'Atlanta. En totale méforme, Vitaly Scherbo glane toutes mêmes quatre médailles de bronze qui en font un héros. Et « *indéniablement le meilleur gymnaste de tous les temps* », comme le prononce l'International Gymnastics Hall of Fame lors de son intronisation au sein de ce Panthéon, en 2009.

6 médailles d'or

(concours par équipe, individuel, cheval d'arçons, anneaux, saut de cheval et barres parallèles)

4 médailles de bronze

(concours individuel, saut de cheval, barres parallèles et barre fixe)

Vitaly Scherbo aux anneaux lors du concours général par équipes aux Jeux Olympiques de Barcelone, en 1992

Boris Shakhlin lors de l'épreuve des anneaux, en 1962

BORIS SHAKHLIN

Un roman russe

Même les plus grands auteurs du roman russe n'auraient pu imaginer son histoire tant son palmarès est aussi long et sublime que sa vie fut triste. Né à Ichim, dans l'Oural, en plein hiver 1932, Boris Shakhlin est orphelin à 12 ans et part vivre chez sa grand-mère, en Ukraine. Il découvre et apprend la gymnastique dans la plus pure tradition soviétique – c'est-à-dire à la dure – auprès d'un professeur qui lui forge un mental d'acier et lui assène qu'un gymnaste doit plier, mais ne jamais rompre. Et en aucun cas abandonner. L'adolescent s'entraîne comme un damné et rejoint l'équipe nationale à 24 ans, direction les Jeux Olympiques de Melbourne, en 1956. Grand pour un gymnaste (1,71m), il brille notamment à la barre fixe, ce qui compense ses moindres performances au sol. Les deux médailles d'or remportées en Australie (concours général par équipes, cheval d'arçons) sont un prélude à sa grande œuvre signée à Rome quatre ans plus tard. Aussi gracieux que musculeux, Shakhlin est quasiment intouchable. Avec ses quatre nouvelles médailles d'or (au cheval d'arçons, au saut de cheval, aux barres parallèles mais surtout au concours général individuel), ses deux médailles d'argent (par équipe, anneaux) et une de bronze (barre fixe), le Russe est le héros le plus médaillé de ces Jeux de 1960. Il devient le sportif le plus médaillé de l'histoire à Tokyo quatre ans plus tard grâce à ses quatre nouvelles médailles, dont l'or à la barre fixe, qu'il remporte enfin. Refaisons les comptes : avec 7 médailles d'or, 4 d'argent et de 2 de bronze, Boris devient le pendant masculin de sa légendaire compatriote Larissa Latynina (18 médailles, dont 9 d'or glanées lors des mêmes olympiades que son homologue). Par ailleurs 14 fois champion du monde, il reste néanmoins dans l'ombre de la gymnaste russe. Affaibli par une crise cardiaque à seulement 35 ans, il retourne à sa vie simple, comme membre du Comité technique masculin de Fédération internationale de gymnastique jusqu'en 1992, puis comme chargé de cours à l'université de Kiev.

7 médailles d'or

(concours général par équipes, cheval d'arçons, concours général individuel, saut de cheval, barres parallèles, barre fixe)

4 médailles d'argent

(concours général par équipes, anneaux, concours général individuel)

2 médailles de bronze

(barre fixe, anneaux)

Javier Sotomayor lors du concours de saut en hauteur aux Jeux Olympiques de Barcelone, en 1992

JAVIER

SOTOMAYOR

En saut majeur

Avec un nom pareil, phonétiquement si proche de la locution espagnole « salto mayor » (« saut majeur ») qui deviendra son surnom, le Cubain Javier Sotomayor ne pouvait passer à côté d'un destin bondissant. À 10 ans, le gamin de Limonar, à l'ouest de l'île, adore autant sauter qu'il a peur… de retomber. « *J'avais peur des hauteurs, mais j'ai vaincu mon acrophobie grâce à des exercices consistant à me jeter de dos, de deux à trois mètres, sur un matelas.* » Tout en luttant contre sa hantise (il fera même du parachute), l'élève de Jose Godoy, grande figure de l'athlétisme cubain, franchit 2m à 15 ans et bat le record mondial junior avec un saut à 2,33m, le 19 mai 1984. Javier Sotomayor n'a que 17 ans, mais peut déjà rivaliser avec les « grands ». Ça ne sera pas aux Jeux Olympiques de Los Angeles, Cuba participant au boycott des « démocraties populaires » ; ni quatre ans plus tard à ceux de Séoul, le pays de Fidel y renonce, protestant ainsi contre le retrait de la Corée du Nord. Une cause soutenue par le patriote Sotomayor : « *L'amitié de nos amis nord-coréens est plus importante que l'or olympique.* » Ce n'est que partie remise… Nouveau recordman du monde en septembre 1988 (2,43m) puis l'année suivante (2,44m), le champion du monde en salle survole la discipline de sa technique si particulière et jugée dangereuse, modifiant notamment son dernier pas : « *Il doit normalement être le plus court des trois derniers. Dans ma pratique, c'est le plus long.* » Et d'aucuns se serait briser la cheville en la tournant autant que lui au moment de l'impulsion. Largement favori aux Jeux Olympiques de Barcelone de 1992, Javier Sotomayor l'emporte de justesse grâce à un saut à 2,34m réussi au premier essai. Son grand rival (et ami) suédois Patrik Sjöberg passe la même barre, mais à sa deuxième tentative. En 1993, à Salamanque, le Cubain passe 2,45m – un record du monde qui tient toujours. Gêné par une blessure à la cheville à Atlanta (11e), il ajoute à Sydney, en 2000, une médaille d'argent à sa collection.

1 médaille d'or

1 médaille d'argent

MARK

SPITZ

Le bonheur et l'effroi

9 médailles d'or

(100m nage libre, 200m nage libre, 100m papillon, 200m papillon, 4x100m nage libre, 4x200m nage libre, 4x100m 4 nages)

1 médaille d'argent

(100m papillon)

1 médaille de bronze

(100m nage libre)

Des funestes Jeux Olympiques de Munich en 1972, marqués par la tragique attaque terroriste contre la délégation israélienne au matin du 5 septembre, l'Histoire a tout de même retenu l'incroyable record établi par le nageur américain Mark Spitz, qui remporte quelques jours avant le drame la bagatelle de sept titres olympiques – trois en relais et quatre en individuel. Curieux clin d'œil du destin pour des Jeux frappés par l'antisémitisme, c'est un athlète d'origine juive qui est la grande star de ces olympiades. Car, non-content de s'adjuger sept médailles d'or, Spitz fait également tomber les records du monde de toutes les distances sur lesquelles il est titré. Un exploit sans précédent qui tiendra jusqu'à Pékin 2008, année de la consécration d'un autre nageur américain, Michael Phelps, qui repart de Chine auréolé de huit médailles d'or.

Si quatre ans plus tôt, le jeune Spitz, alors âgé de 18 ans, s'était montré un tantinet arrogant en annonçant avant la compétition qu'il reviendrait de ses premiers Jeux de Mexico avec six médailles d'or autour du cou, l'athlète a cette fois retenu les leçons de ses erreurs passées. C'est donc dans la discrétion que le Californien prépare sa revanche, même si cela ne suffit pas à effacer son statut de favori. Pourtant, au départ des Jeux, Spitz n'est pas au meilleur de sa forme. Quelques minutes avant de s'élancer dans sa ligne d'eau pour sa dernière course, ultime épreuve d'une carrière olympique qui prendra fin à l'issue de ce dernier effort, Spitz, qui hésite à prendre part au 100m en raison d'une gêne au dos, déclare au micro d'ABC : « *Je sais que je dis que je n'ai pas envie de nager avant chaque course, mais cette fois je suis sérieux. Si je nage six courses et en gagne six, je serai un héros. Si j'en nage sept pour six victoires, alors ce sera un échec.* » Une désillusion que le champion ne connaîtra pas. Mieux, il conclura son aventure olympique part un dernier record du monde dans la discipline reine, parachevant ainsi un exploit unique dans l'histoire du sport. Un triomphe que le nageur n'aura même pas le temps de savourer. En raison de ses origines juives, Mark Spitz apparaît comme une cible potentielle et est exfiltré vers les États-Unis par le FBI dès le lendemain de la prise d'otage.

Mark Spitz après l'une de ses sept victoires lors des Jeux Olympiques de Munich, en 1972

LONGINES

Naïm

SULEYMANOGLU

L'homme qui valait 1,25 millions de dollars

3 médailles d'or

Né en Bulgarie dans une famille turque, Naïm Suleymanoglu n'a pas toujours revêtu la tunique rouge et blanche. S'il entame effectivement sa carrière internationale avec l'équipe bulgare, c'est pourtant avec celle de Turquie qu'il va marquer l'histoire des Jeux Olympiques. Un destin qui croise à nouveau la route de faits historiques pour donner une trajectoire inédite à la vie sportive de Suleymanoglu: car ce qui explique ce changement de nationalité est bien de nature politique. En 1985, une réforme du gouvernement bulgare oblige les ressortissants d'ascendance turque à «bulgariser» leurs nom et prénom. Naïm Suleymanoglu se voit ainsi rebaptisé par l'état-civil Naum Shalamanov.

Fier de ses origines, l'haltérophile de poche refuse cette politique et va fuir la Bulgarie au cours d'un scénario rocambolesque digne d'un film d'évasion hollywoodien, dont le décor va être celui de la Coupe du Monde d'haltérophilie de 1986 disputée à Melbourne où il se rend avec la délégation bulgare. Échappant à la surveillance de l'encadrement bulgare, il passe plusieurs jours dans la clandestinité avant de réapparaitre à l'ambassade de Turquie à Canbera où il s'est réfugié. Alerté de la situation, le Premier ministre turc ordonne son exfiltration. Il quitte l'Australie dans la foulée pour d'abord rejoindre Londres puis Istanbul avant d'être reçu à Ankara où il reprend son nom d'origine.

Désormais citoyen turc, il lui tarde de concourir pour ses nouvelles couleurs, ayant marqué à son calendrier le rendez-vous de Séoul. Mais pour qu'il puisse participer à ses jeux, les autorités sportives bulgares doivent autoriser Suleymanoglu à concourir pour la Turquie. Une demande que la Bulgarie va négocier en monnaie sonnante et trébuchante, acceptant de libérer son athlète contre la somme d'un million deux-cent-cinquante-mille dollars. Une négociation qui va permettre à Suleymanoglu de réaliser ce qui reste comme la meilleure performance de tous les temps, en soulevant 190kg lors de la finale du concours olympique, soit trois fois et demie son poids. Une charge plus élevée que celle du champion olympique de la catégorie supérieure… Le Turc conservera son titre deux fois ensuite, faisant de lui le premier triple champion olympique de la discipline.

Naïm Suleymanoglu aux Jeux Olympiques de Séoul, en 1988

OSCAR SWAHN

À la recherche du temps perdu…

Oscar Swahn aux Jeux Olympiques de Stockholm, en 1912

Devenir champion olympique, décrocher une médaille ou simplement prendre part aux Jeux n'est pas chose ordinaire dans la carrière d'un sportif. Au cours de celle-ci, l'athlète pourra potentiellement concourir à 5 olympiades au maximum. Mais inexorablement, au crépuscule de la trentaine, le temps finira par faire son œuvre et emporter avec lui les jours de sacre comme les quêtes de médailles inachevées.

Pour le tireur suédois Oscar Swahn, la course à l'or, à l'argent ou au bronze n'a pas été un tel contre-la-montre. Après avoir participé à ses premiers Jeux à l'âge de 60 ans lors de l'édition 1908 à Londres où il devint double champion olympique, le 4 juillet 1912, à l'âge de 64 ans et 258 jours précisément, Oscar Swahn bat son propre record et devient le plus vieux médaillé d'or de l'histoire des JO en triomphant au tir au cerf courant, discipline aujourd'hui disparue. Et si, à Stockholm, sous les yeux du Roi de Suède Gustave V, l'employé des Postes n'est pas sacré en individuel, c'est qu'il doit abandonner sa couronne à un jeune compatriote de 33 ans, un certain Alfred Swahn… qui n'est autre que son propre fils !

Non-content d'être déjà devenu le plus vieux champion olympique à Stockholm, en 1920 à Anvers, ce chasseur à la fine gâchette initié au tir sportif qu'en 1891 (à 44 ans) se présente pour sa troisième olympiade : en décrochant une médaille d'argent au tir au cerf courant, coup double cette fois, mais toujours à 100m, à 72 ans et 281 jours, il devient cette fois le plus vieux médaillé olympique. Un second record qui rejoint le premier à la table de marques du Comité International Olympique et au World Guiness Book Records. Et qu'il aurait pu faire tomber à Paris en 1924. Finalement rattrapé lui aussi par le temps, il dû renoncer à sa dernière participation, affaibli par la maladie. Il mourut 3 ans plus tard, en 1927, emportant avec lui deux records toujours dans l'attente d'être battus depuis maintenant plus d'un siècle…

3 médailles d'or

1 médaille d'argent

2 médailles de bronze

KÁROLY

TAKÁCS

2 médailles d'or

(25m)

Deux mains de maître

En 1938, durant un exercice militaire, le sergent hongrois Károly Takács, 28 ans, manipule une grenade défectueuse qui explose et lui arrache la main droite. Excellent spécialiste du tir au pistolet à feu rapide (25m) et déjà privé des Jeux Olympiques de Berlin 1936 par l'armée hongroise qui n'autorise alors que la participation d'officiers supérieurs, Károly Takács est amputé et broie du noir à l'hôpital. C'est alors que son entraîneur Laszlo Torok lui lance cet improbable et impossible défi: «*Apprends à tirer... de la main gauche.*» L'espoir renaît.

Après une année d'entraînement dans le plus grand secret, Károly Takács refait surface en public au championnat national. Salué par les participants qui le croient venu en simple spectateur, il se présente sur le pas de tir, arme à la main, à la surprise générale. Et remporte le titre! Qualifié pour les Jeux Olympiques prévus à Tokyo en 1940, c'est cette fois la Seconde Guerre mondiale qui le prive de son rêve. Olympiade annulée. Takács s'entête face à cette maudite destinée. Il s'entraîne sans relâche et voit enfin la vie lui sourire en obtenant son billet pour les Jeux de Londres 1948. Sur place, le champion du monde en titre argentin Carlos Valiente l'interroge quant à ses objectifs. «*Je suis venu pour apprendre*», répond le Hongrois. Il va faire beaucoup mieux en remportant l'épreuve, une performance embellie d'un record du monde. «*Tu as bien assez appris*» lui glisse son rival argentin, médaillé d'argent, sur le podium. Quatre ans plus tard, à Helsinki, le Magyar devient le premier tireur de l'Histoire à conserver son titre, remportant le concours devant son compatriote Szilard Kun dont il est aussi le coach depuis quatre ans. Carlos Valiente, seulement quatrième, l'interpelle: «*Bon, cette fois, tu en sais vraiment suffisamment! Il est temps que tu prennes ta retraite. Et que tu m'apprennes!*» Véritable passionné, Károly Takács ne range ses pistolets qu'à 56 ans, auréolé de 35 titres nationaux et d'un statut de héros encore aujourd'hui synonyme d'abnégation et de résilience.

Károly Takács tirant à 25m avec sa main gauche lors d'une rencontre entre la Pologne et la Yougoslavie en 1961

Henry Taylor avec son entraîneur, le 6 juillet 1908

HENRY TAYLOR

Un destin tragique

L'histoire d'Henry Taylor aurait déjà dû être portée sur grand écran tant elle contient tous les ingrédients d'un scénario à faire pleurer dans les chaumières, de joie comme de tristesse. Né le 17 mars 1885 dans une pauvre famille ouvrière (père mineur, mère au foyer) d'Oldham, grande cité textile du Grand Manchester, le très jeune orphelin élevé par ses deux sœurs et son frère apprend à nager dans le canal d'Hollinwood longeant les usines de coton où il travaillera plus tard, s'y entraînant à la pause déjeuner, pour subvenir lui aussi aux besoins de la fratrie. Vainqueur à 7 ans de ses premières compétitions locales, souvent aligné face à des adversaires plus âgés, le prodige enchaine aussi les longueurs dans le bassin de Chadderton Baths, une piscine qu'il fréquente les « jours d'eau sale », quand le prix du ticket d'entrée y est donc moins cher. C'est là que son talent explose aux yeux des membres du club local, puis très vite à ceux de l'équipe nationale. Il brille sans qu'on l'y attende aux « Jeux olympiques intercalaires » de 1906, organisés à Athènes pour célébrer les dix ans du renouveau des Jeux. Puis à Londres, où il remporte l'or sur les trois épreuves libres auxquelles il participe (400m, 1 500m, 4 x 200m). Un record britannique qui ne sera égalé qu'en… 2008 avec le triplé du cycliste sur piste Chris Hoy. Henry Taylor sera de nouveau médaillé avec le relais 4 x 200m (bronze), en 1912 et 1920. Entre-temps, une légende, invérifiable mais que les Anglais adorent, raconte que le nageur incorporé à la Royal Navy sauva des vies de la noyade lors de la terrible bataille du Jutland, en 1916, durant la Première Guerre mondiale.

Le « *working class hero* » continue de nager jusqu'à ses 40 ans, complétant une armoire à trophée riche de 35 coupes et de 300 médailles dont il se résout à vendre la plus grande partie après la faillite du Nudger Inn, son pub qu'il ne sait pas gérer. Devenu gardien de la piscine de ses premiers exploits, Henry Taylor meurt à 65 ans, seul, célibataire, avec 259 petites livres en banque et cruellement oublié de tous. Une petite plaque commémorative posée en 2002 au mur de Chadderton Baths rappelle le nageur du dimanche à son bon souvenir.

3 médailles d'or (400m, 1500m et 4x200m nage libre)

2 médailles de bronze (4x200m)

Ian Thorpe lors du 400m nage libre
aux Jeux Olympiques d'Athènes, en 2004

IAN THORPE

Le prodige australien

5 médailles d'or

(200m nage libre, 400m nage libre, 4 x 100m nage libre, 4 x 200m nage libre)

3 médailles d'argent

(200m nage libre, 4 x 200m nage libre, 4 x 100m 4 nages)

1 médaille de bronze

(100m nage libre)

Champion du monde du 400m nage libre en 1998, à seulement 15 ans, et néo-recordman du chrono sur la distance et sur 200m à trois mois des JO de Sydney, le phénomène australien Ian Thorpe concentre toutes les attentes du pays organisateur, aussi fan de natation que les Brésiliens peuvent l'être de football. C'est dire la pression qui pèse sur les épaules de celui que la presse surnomme « l'Invincible »… Le 16 septembre au matin, le prodige bat le record olympique en séries. Le soir, en finale, les « Thorpee, Thorpee, Thorpee ! » scandés par les 17 000 spectateurs du centre aquatique lui donnent des ailes. Il est champion olympique et nouveau recordman du monde (3'40"59). Mais pas le temps de savourer que se profile le relais 4 x 100m, une course remportée par les États-Unis à chaque olympiade depuis son introduction, en 1964. Dernier relayeur, Ian Thorpe effectue une dernière ligne droite d'anthologie et offre une médaille d'or historique à son pays qui célèbre son héros pendant que ce dernier part se reposer. Parce que demain, il a encore piscine… Émoussé par l'euphorie de la veille et surtout confronté au talent du fantastique nageur hollandais Pieter van den Hoogenband sur cette distance du 200m qui n'est pas sa spécialité, « Thorpedo » décroche « seulement » une médaille d'argent. Il se console dès le lendemain en décrochant sa troisième médaille d'or avec le relais 4 x 200m, de nouveau devant les Américains, relégués à cinq secondes. Enfin, il ajoute une deuxième médaille d'argent avec le relais 4 x 100 quatre nages (aligné en séries, il ne dispute pas la finale), Ian Thorpe est l'Australien le plus médaillé de ces Jeux et se voit désigné porte-drapeau de sa délégation pour la cérémonie de clôture. Quatre ans plus tard, à Athènes, « La Torpille » (que de surnoms !) conserve son titre sur 400m avant de signer son ultime chef d'œuvre en devançant son rival « VDH » au bout d'un 200m baptisé « la course du siècle ». Un palmarès qu'il complète d'une médaille de bronze (100m) et d'une autre d'argent (relais 4 x 200m). Retiré des bassins en 2006, il échoue dans sa tentative de come-back en 2012. Avec cinq titres aux Jeux, il reste l'Australien ayant remporté le plus de médailles d'or olympiques. Et une véritable idole.

Jim Thorpe au lancer du poids (12,89m) lors de l'épreuve du décathlon à Stockholm, en 1912

JIM THORPE

L'homme le plus fort du monde

2 médailles d'or

En ce 13 juillet 1912, pour le premier des quatre jours de compétition que vont durer les épreuves du décathlon, les 33 000 spectateurs du Stade olympique Ostermalm retiennent leur souffle. Dans la lutte qui oppose Américains et Suédois pour le classement des médailles, les supporters du pays hôte rêvent d'assister au triomphe des leurs. Mais les doutes sont bien là, avertis qu'ils sont de l'état de forme d'un Américain de 25 ans d'origine amérindienne surnommé «Sentier brillant». Un guerrier pas épargné par la vie et le destin: orphelin à seulement 16 ans après un premier grand drame, la mort de son frère jumeau, emporté par une pneumonie à l'âge de 9 ans.

Les spectateurs Suédois vont vite déchanter. Une semaine après avoir remporté le titre olympique en pentathlon, l'Américain Jim Thorpe met rapidement fin au suspense et semble intouchable. Après un 100m bouclé en troisième position en 11'2 et un saut à 6,79m à la longueur, Thorpe témoigne de sa polyvalence et vire en tête du classement général à l'issue de la troisième épreuve qu'il remporte d'un poids lancé à 12,89m. Un rang qu'il ne quittera plus. À aucun moment inquiété par ses adversaires, il est assuré avant même la dernière épreuve d'être sacré champion olympique et laisse derrière lui sur le podium les Suédois Hugo Wieslander et Charles Lomberg (2e ex-aequo) et Gösta Holmer (3e). Avec un score final de 8 412 points, le natif de l'Oklahoma établit une performance qui ne sera battue que… vingt ans plus tard à Los Angeles par un autre Américain, James Bausch.

Pour les observateurs, la performance de Thorpe au décathlon ne fait que confirmer l'impression laissée lors du pentathlon, où il a dominé les débats s'adjugeant quatre épreuves sur cinq – saut en longueur, 200m, lancer du disque et 400m. Puissant, rapide et fort à la fois, Thorpe est félicité lors de la remise des médailles par un Roi de Suède Gustav V beau joueur: «*Monsieur, vous êtes le meilleur athlète au monde.*»

Il aura à peine le temps de savourer ses titres. Ses deux médailles lui seront en effet retirées en 1913 car Thorpe aurait été payé pour des participations à des matchs de base-ball en 1909 et 1910, faisant de lui un sportif professionnel, statut alors interdit par le CIO. Ce n'est qu'en 1983 que ces médailles lui seront finalement réattribuées.

Lasse Viren lors du 10 000m
aux Jeux Olympiques de Munich, en 1972

LASSE VIREN

Le revival finlandais

Il y a des athlètes pour qui la quête d'une médaille olympique est un véritable parcours du combattant. Un casse-tête sur lequel ils butent sans jamais parvenir à leurs fins. Une quête du Graal infructueuse qui laisse un sentiment d'inachevé à leur carrière. Et puis il y a les destins comme celui de Lasse Viren, pour qui les Jeux Olympiques ont été un terrain de jeu, le théâtre d'une fresque épique en quatre actes écrite à l'encre de la souffrance. Une encre indélébile qui fait apparaître son nom en lettres d'or au palmarès olympique dès 1972, à la faveur d'un doublé surprise sur 5 000 et 10 000m. Un premier coup d'éclat qui permet à la Finlande de renouer avec un âge d'or qu'elle pensait à jamais révolu, elle qui n'a pas connu la victoire sur les épreuves de fond depuis 1936: trente-six longues années de disette qui ont semblé une éternité pour des Scandinaves qui ont dominé la discipline jusqu'aux Jeux de Berlin.

Mais cet exploit ne suffit pas à Viren. Lui qui avait déclaré au début de sa carrière vouloir accoler son patronyme à ceux des plus grands athlètes finlandais tient à faire mentir ceux de ses détracteurs que ses ambitions faisaient sourire. Alors pour se faire une place aux côtés d'un Paavo Nurmi ou d'un Ville Ritola, Viren va se consacrer quatre ans durant à préparer le rendez-vous de 1976 en terres canadiennes. Une période dédiée quasi exclusivement à l'entrainement et à l'écriture, au cours de laquelle il publie un livre sur ses méthodes de travail, *Les Secondes dorées*.

Double champion olympique en titre, il n'est pas pour autant favori à l'approche des Jeux de Montréal, lui qui s'est fait très discret depuis quatre ans, n'apparaissant en compétition que de manière sporadique pour un bilan qui n'affiche qu'une modeste médaille de bronze au championnat d'Europe en 1974. Non sans embûches – il s'en faut de peu pour qu'il ne soit pas autorisé par le CIO à courir la finale du 5 000m, l'athlète aurait prétendument fait la publicité de ses crampons après sa victoire sur 10 000m qu'il a célébrée pointes en main – Viren réalise le double doublé, une première qui n'a depuis été égalée que par le Britannique Mo Farah (2012-2016).

4 médailles d'or
(5 000m, et 10 000m)

Johnny Weissmuller et son appareil photo lors des Jeux Olympiques de Paris, en 1924

JOHNNY WEISSMULLER

Le seigneur des bassins

Un athlète de haut niveau, qui plus est cinq fois champion olympique, est rarement plus connu pour son après-carrière et sa reconversion que pour ses exploits réalisés à la sueur de son front. C'est pourtant le cas de Johnny Weissmuller, nageur américain d'origine austro-hongroise (précisément de Freidorf dans la Roumanie d'aujourd'hui), plus célèbre pour avoir incarné le personnage de Tarzan au cinéma dans les années 1930 et 1940 que pour avoir brillé dans les bassins des Jeux Olympiques de Paris (1924) puis d'Amsterdam (1928). Avant de briller à Hollywood, l'inventeur du célèbre cri du « roi de la jungle » a pourtant bien éclaboussé la natation mondiale de toute sa classe et de son crawl si particulier – il nageait la tête hors de l'eau, comme au water-polo, qu'il pratiquait aussi.

Son destin de champion démarre dans l'inquiétude quand, à l'âge de neuf ans, Johann - de son vrai prénom - contracte la poliomyélite, une maladie contagieuse qu'un médecin lui conseille d'affronter en pratiquant la natation. Rétabli sans séquelle, Johnny Weissmuller se montre excellent nageur et devient à tout juste 18 ans le premier homme à passer sous la barre de la minute sur 100m nage libre (58"6). Il se met logiquement à rêver des Jeux de Paris. Problème: bien qu'installée en Pennsylvanie depuis janvier 1905, la famille Weissmuller est apatride depuis 1918 et la chute de l'empire austro-hongrois. Un handicap administratif que Johnny contourne… en utilisant l'identité de son frère Peter, né sur le sol américain. En France, Weissmuller décroche trois médailles d'or en trois jours (100m, 400m et 4 x 200m), privant notamment le légendaire Duke Kahanamoku d'un triplé historique sur 100m, et une médaille de bronze avec l'équipe de water-polo. Naturalisé américain à son retour au pays, il conserve ses titres en relais et sur 100m quatre ans plus tard, complétant un palmarès riche de 52 titres de champion des États-Unis et 28 records du monde, dont certains sur des distances qui aujourd'hui n'existent plus. Personne ne l'a jamais battu en compétition.

5 médailles d'or (100m, 400m, 4x200m nage libre)

1 médaille de bronze (water-polo)

SERENA

WILLIAMS

2012, l'apogée olympique

Aussi curieux que cela puisse paraître au regard du palmarès déjà conséquent de la championne américaine lorsqu'elle démarre le tournoi olympique de Londres en 2012, Serena Williams, certes médaillée d'or en double avec sa sœur Venus à Sydney en 2000 (elle n'a alors que 19 ans), a dû attendre ses 30 ans pour remporter le tournoi de tennis féminin en simple aux Jeux Olympiques. Non-sélectionnée pour disputer le tournoi individuel en Australie, elle est absente des Jeux d'Athènes, blessée. Ce n'est donc qu'en 2008 à Pékin qu'elle dispute ses premiers Jeux en solo, où elle est battue par la future vainqueure de l'épreuve, la Russe Elena Dementieva. Se consolant par un second titre en double avec sa sœur aînée, Serena prend rendez-vous pour Londres 2012.

En Angleterre, elle arrive forte d'un succès à Wimbledon acquis quelques semaines avant les Jeux. Tête de série N°4, elle va survoler les débats, ne concédant aucun set au cours d'un tournoi qu'elle finit en boulet de canon: en demi-finale, elle retrouve sur sa route la Biélorusse Victoria Azarenka, qu'elle a déjà sorti au même stade de la compétition à Wimbledon. Une formalité pour l'Américaine qui expédie Azarenka en une petite heure de jeu (6-1/6-2). Enfin en finale, c'est Maria Sharapova qui fait les frais de la détermination de Williams: la Russe est laminée 6-0/6-1 après seulement une petite heure sur le cours. Le lendemain, elle est de nouveau sur le cours pour tenter de devenir avec sa sœur les premières à remporter quatre médailles d'or olympique. Un défi qu'elles vont relever sans trembler, s'offrant la passe de trois en double et devenant les plus titrées de leur discipline hommes et femmes confondus. Cette année-là, Serena Williams est tout simplement inarrêtable et réalise un quadruplé hors-du-commun dans le monde de la petite balle jaune, à savoir remporter Wimbledon, l'US Open, le Masters et les Jeux Olympiques. Quatre ans après cette saison incroyable, Serena est de retour aux Jeux, mais son aventure olympique prend rapidement fin: pourtant tête de série n°1 en double, elle est battue avec sa sœur dès le premier tour et ne parvient pas à faire mieux qu'une défaite au 3e tour en simple. En 2021 à Tokyo, elle déclare finalement forfait sans donner de raison, laissant un goût d'inachevé pour la plus grande tenniswoman du XXIe siècle.

Serena Williams saluant le public lors de la finale du tournoi de tennis aux Jeux Olympiques de Londres, en 2012

4 médailles d'or (simple et double)

EMIL ZATOPEK

La victoire au bout de l'effort

S'il ne fallait retenir qu'un seul nom parmi les 4 955 athlètes engagés aux Jeux Olympiques d'Helsinki en 1952, ce serait incontestablement celui du coureur tchécoslovaque Emil Zatopek. S'il trône en véritable héros de ces Jeux, c'est que le public ne s'y trompe pas: ce que réalise Zatopek durant cette quinzaine olympique est un exploit sportif unique dans l'histoire de l'athlétisme jamais réitéré depuis.
Cette année-là en effet, ce fils de famille modeste, qui a connu l'usine et les chaînes de montage, réalise un triplé inédit en repartant de Finlande auréolé de trois couronnes olympiques glanées sur 5 000m, 10 000m et marathon. Avec son style grimaçant et son effort fractionné caractéristique, inspiré des méthodes d'entrainement de Paavo Nurmi et des Finlandais volants notamment, il s'adjuge tout d'abord le titre olympique sur 10 000m devant un Alain Mimoun battu, mais méritant. Interrogé par les journalistes après la course, le Français déclare, beau perdant, que «*personne ne peut batte Zatopek… Il est trop fort pour nous!*» Une domination qu'il va assoir encore un peu plus quatre jours plus tard lors de la finale du 5 000m. Ce 24 juillet, dans le Stadion d'Helsinki, les 70 000 spectateurs attendent de voir qui pourra faire tomber Zatopek. Car au départ, ils sont cinq à pouvoir l'emporter. Alors pour gagner, «La locomotive tchèque» comme on le surnomme, va devoir s'employer. Se rendant coup pour coup, les cinq hommes se livrent ce jour-là une course épique à la hauteur des attentes: à 400m de la ligne d'arrivée, le suspense est à son comble et ils sont encore quatre candidats au sacre. En dernière position à l'approche des 250 derniers mètres, Zatopek semble alors marquer le pas. C'est sans compter sur le finish du tchèque, qui, à 200m de la ligne, lance son ultime effort pour sortir du dernier virage en tête devant Alain Mimoun et l'Allemand Herbert Schade et ainsi s'envoler vers sont 2e titre olympique.
Quelques jours plus tard sur marathon, Zatopek, qui s'aligne pour la première fois de sa vie sur cette distance, entre définitivement dans la légende des Jeux en bouclant les 42kms195 en 2h23 avec deux minutes trente d'avance sur le deuxième. Un triplé historique qui lui vaut d'être intronisé au Hall of Fame de la Fédération internationale d'athlétisme en 2001.

4 médailles d'or
(5 000m, 10 000m et Marathon)

1 médaille d'argent
(5 000m)

Emil Zatopek
et Alain Mimoun
lors du 10 000m,
le 27 juillet 1952,
à Helsinki

CRÉDITS PHOTOGRAPHIQUES

P6 : Presse Sports / Lahalle • P8 : Central Press / Getty Images • P9 : Presse Sports / Mounic Alain • P10 : Presse Sports • P11 : Presse Sports / Martin • P12 : Presse Sports • P15 : Presse Sports • P16 : Presse Sports / Robert Deutsch • P18 : Presse Sports / McNeill / Sunday Pictorial • P19 : Presse Sports • P21 : Presse Sports / Prevost • P22 : Presse Sports • P23 : Getty Images / Universal / Corbis / VCG • P24 : Presse Sports / Wilfried-Witters • P27 : DB / DPA / Picture Alliance / Presse Sports • P28 : Heinrich Hoffmann / Getty Images • P29 : Camenzind / RDB / Getty Images P31 : Presse Sports • P32 : Presse Sports • P34 : Presse Sports / Albert Meyer • P35 : Topical Press Agency / Hulton Archive • P36 : Presse Sports • P37 : Presse Sports / Pichon • P38 : David Madison / Getty Images • P39 : Presse Sports / Fel • P40 : Presse Sports / Boutroux • P41 : Presse Sports • P42 : Fonds Excelsior / Presse Sports • P43 : Presse Sports / Mounic Alain • P44 : Presse Sports / Legros Lecoq • P45 : Presse Sports / Fablet • P47 : Presse Sports / Rondeau • P48 : Missouri History Museum • P49 : Simon Stacpoole / Offside / Presse Sports • P50 : Presse Sports / Deschamps • P51 : Bettmann / Getty Images • P53 : ASP / Icon Sport • P54 : Bettmann / Getty Images • P55 : Matthias Hangst / Witters / Presse Sports • P56 : Valeria Witters / Witters /Presse Sports • P57 : Presse Sports / Fablet • P58 : David Madison / Getty Images • P59 : Presse Sports • P60 : David Madison / Getty Images • P61 : FPG / Archive Photos / Getty Images • P62 : Bob Donnan / Us Presswire / Presse Sports • P63 : David Madison / Getty Images • P64 : Presse Sports / Luttiau • P66 : David Madison / Getty Images • P67 : Presse Sports • P68 : Presse Sports / Mantey • P69 : Horstmüller / Getty Images • P70 : Morgan Treacy / INPHO / Presse Sports • P71 : Bettmann / Getty Images • P72 : Presse Sports / Mounic • P73 : Presse Sports / Franck Faugere • P74 : Presse Sports • P75 : Presse Sports / Rochard Pichon Boutroux • P76 : George Rinhart / Corbis / Getty Images • P78 : Presse Sports / Fablet • P79 : Focus on Sport / Getty Images • P80 : DR • P82 : Bettmann / Getty Images • P83 : Presse Sports / Martin • P84 : Presse Sports / Rondeau • P85 : Presse Sports • P87 : Presse Sports • P88 : Presse Sports • P89 : Presse Sports • P90 : Photoshot / Icon Sport • P91 : Ullstein bild / Getty Images • P92 : Billy Stickland / Allsport / Getty Images • P93 : DR • P95 : DR • P96 : Presse Sports • P98 : Keystone / Getty Images • P99 : Universal History Archive / Universal Images Group / Getty Images • P101 : Presse Sports / Fevre • P102 : Presse Sports / Martin • P104 : Presse Sports / Luttiau • P105 : Universal / Corbis / VCG / Getty Images • P106 : Presse Sports / Lahalle • P107 : Alexander Hassenstein / Bongarts / Getty Images • P108 : Presse Sports / Pichon • P109 : Presse Sports / Lahalle • P110 : Presse Sports / De Martignac • P111 : Presse Sports / Pichon • P112 : von der Becke / Ullstein bild / Getty Images • P113 : David Madison / Getty Images • P114 : Presse Sports • P116 : Jean-Yves Ruszniewski / TempSport / Corbis / VCG / Getty Images • P117 : PA Images / Icon Sport • P118 : Wiktor Kobyliński • P119 : Topical Press Agency / Getty Images • P120 : Presse Sports / Martin • P121 : CIO • P122 : Presse Sports • P123 : Presse Sports • P124 : Presse Sports / Mantey • P127 : Presse Sports